विचारों की अग्नि..... सनातनी कवयित्री देवसेना की कलम से

सनातनी कवयित्री देवसेना

ISBN 979-888546137-5

मेरी सारी कविताएं समर्पित हैं मेरी स्वर्गवासी नानी मां आदरणीय श्रीमती दमयंती सबनीस जी को जिन्होंने अंग्रेजों के ज़माने में 1942 में बनारस हिंदू विश्वविद्यालय में रहकर अंग्रेज़ी साहित्य में मास्टर्स की डिग्री हासिल की। जिस ज़माने में लड़कियों का उच्च शिक्षा लेना एक तरह से वर्जित था, उस ज़माने में उन्होंने उच्च शिक्षा हासिल की। जिस ज़माने में स्त्रियों के नौकरी करने को आम समाज हीन दृष्टि से देखता था, उस ज़माने में उन्होंने नौकरी की। इंदौर के विद्यालयों में अध्यापिका एवं प्राध्यापिका के पदों को सुशोभित किया। मैंने विद्यालय की शिक्षा के अलावा घर पर हिंदी और अंग्रेज़ी की शिक्षा बचपन में तथा किशोरवय में नानी से ही ली है। सच पूछिए तो स्वयं को अपने अनुशासन में रखकर, समाज के लोगों की बेकार की राय को एक कान से सुनकर दूसरे कान से निकालने की जीवन जीने की कला भी बचपन में नानी से ही सीखी है।

विवाहित होने के उपरांत भी स्वयं के पिता के असामयिक निधन के कारण उन्होंने अपने छोटे भाई बहनों की शिक्षा एवं विवाह की जिम्मेदारी भी बखूबी निभाई। तो यह कहना भी गलत नहीं होगा कि हिंदुस्तानी मिट्टी में रचा बसा सनातनी नारीवाद भी मुझे नानी से ही सीखने को मिला।बचपन में मीठा मुझे बहुत पसंद था इसलिए मेरी नानी ने मुझे खूब मुरब्बा खिलाया है।

अपने जीवन के शुरुआती दौर से मैंने अपने उच्च शिक्षित डॉक्टर माता पिता से यही सुना है कि मुझमें दोनो तरफ से अनुवांशिक अवगुण ही आए हैं, अनुवांशिक सद्गुण एक भी नहीं आया। किंतु मेरा यह मानना है कि स्वर्गवासी नानी मां का यह हिंदी के साहित्य के प्रति प्रेम का एक अनुवांशिक सद्गुण कुछ मात्रा में ही सही, मुझमें है।

कही न कही से वे मुझे देखती हैं और खूब आशीर्वाद बरसाती हैं।

नानी मां को नमन ?

क्रम-सूची

क्रम-सूची

कुछ दार्शनिक पहलू

क्रम-सूची

भारतीय नारीवाद

भाव, भावना और कुछ संदेश

प्रस्तावना

मेरी कविताओं का यह संग्रह, मेरी सृजनात्मकता का यह नमूना, विविध विषयों पर आधारित है। आधुनिक भारतीय समाज में मुझे जिन विषयों पर लिखना आवश्यक लगा उन विषयों पर भी काव्य लिखा है और कुछ कविताएं कुछ महान हस्तियों को भी अर्पित की हैं जिनसे मैंने बहुत कुछ सीखा है। कुछ कविताओं में आमजन की कहानी छुपी है तो कुछ में हमारी संस्कृति तथा देश की सुंदरता।

यह सारी कविताएं स्वच्छंद तथा बेबाक हैं। मैंने अपनी अभिव्यक्ति को पूर्ण रूप से इन कविताओं में झोंका है और आशा करती हूं कि पाठक इन कविताओं को पढ़ने के बाद लुप्त होते मानवीय मूल्यों के प्रति जागरूक होंगे।

भूमिका

इनमें से कुछ वर्तमान समाज की, राजनीति की हकीकत है, युवावर्ग की आशाएं हैं, कुछ पद्य देश की सांस्कृतिक धरोहर पर आधारित हैं। यह कहना सही होगा कि शब्दों के माध्यम से स्पष्ट और क्रांतिकारी विचारों एवं मूल्यों की अभिव्यक्ति की गई है। आशा है पाठक मर्म को समझ पाएंगे।

भारत माँ को नमन

1. भारत दर्शन

कलकल बहती नदियां जहां धो देती हैं गंदगी और कर्मों के पाप,

सुनिए ज़रा कान लगाकर, ठंडी हवाएं करती हैं ओंकार का जाप।

अतिथि को ईश्वर का दर्जा दिया जाता है, लोग हैं इतने पावन,

प्रकृति ने भी मानो खूब आशीर्वाद दिए हैं, दृश्य हैं कितने मनभावन।

जल, थल और नभ सेना में हैं लाखों लाख शूरवीर योद्धा हैं जैसे भरे पड़े,

किंतु संस्कार हैं हमारे ऐसे, कि विस्तार के लिए हमारे कदम कभी नहीं बढ़े।

हमारी नीतियां रही इतनी मानवतावादी कि सारे विश्व के कहलाए हम विश्वगुरु,

लेकिन जब गर्व में मदमाता विश्वविजेता सिकंदर आया तो खड़ा हो गया पुरु।

लगाए मस्तक पर हमारे शहीद भाइयों के लहू तिलक, हिमालय का ताज बड़ा इठलाता है,

हम हैं ऐसे कि लाख कोशिशों के बावजूद, लंबे समय के लिए दुश्मन कुछ बिगाड़ नहीं पाता है।

पाश्चात्य देश हमे क्या खाक सिखा पाएंगे स्त्री-पुरूष समानता और नारीवाद के जज्बे की गल,

मेरे भारत की मिट्टी ने सदियों से पैदा की हैं दुर्गावती, चेनम्मा और कैप्टन लक्ष्मी सहगल।

लाख कोशिशें कर ले दुश्मन देश, देकर बम फेंकने की गीदड़ भभकी, या लोगों को बांटे करके हिंदू मुसलमान,

दुनिया तो ठोकेगी भारत को सलाम,

क्यों भूल जाता है कि भिखारी पाकिस्तान, कि भारत को सींचा है परमवीर अब्दुल हमीद ने, और न्यूक्लियर पावर बनाने वाले थे डाक्टर कलाम।

गूंज उठा था करतल ध्वनि से पूरा सभागृह, जब दूसरे देश के लोगों को कहा था "भाइयों बहनों" स्वामी विवेकानंद ने,

मेरे देश की मिट्टी पर आए हों चाहे गौतम बुद्ध, महावीर, नानकजी, या यीशु, विश्व बंधुत्व का पवित्र संदेश दिया सब ने।

खानपान है संपूर्ण, अब तो पाश्चात्य लोग भी अपनाने लगे हैं हमारी वैज्ञानिक जीवन शैली,

पहले डरते थे कर लगा दिया था, किंतु अब क्विंटलो में आयात करवाते हैं मसाले एवं हल्दी।

मेरी कलम आज कर रही है प्रार्थना उस सर्वशक्तिमान से,

मेरा भारत बने वैश्विक ताकत संपन्न रहे हर दृष्टिकोण से।

2. भारत माता से प्रार्थना

अपने देश की मिट्टी से करती हूं मैं बेइंतहां सी मोहब्बत,
इसी माटी ने खिलाया है जाने कितने भूखो को भोजन।
सदियों से हमले झेलकर ताकतवर हुई इसकी फितरत,
हे धरती अपने ऊपर कैसे सह लेती है इतना सारा वज़न?
तेरी गोद में जन्म ले इतनी आत्माओ के मन तृप्त होते,
तेरे लिए शहीद होकर जाने कितनों को मिलती जन्नत।
तेरी दिव्य नदियों में स्नान कर कितनों के पाप हैं धुलते,
तेरे कान सुनते होंगे दिन रात कितने लोगों की मन्नत!
अक्सर सोचती हूँ इतनी भीषण गर्मी में तपकर भी माँ,
कैसे तेरी काली माटी बारिश में भीगकर देती दिव्य सुगंध?
तेरे खिलाफ नारेबाज़ी करके कुछ पत्रकार कमाते पैसे,
कुछ लिखकर, कुछ बोलकर फालतू बातें, फैला रहे दुर्गन्ध।
माना कि विलुप्त होते जानवरों की आत्माए ही ले रहीं हैं जन्म इंसानो की खाल पहनकर,
कितना भी पढ़ लिख ले, कितना भी पैसा कमा ले, कुछ भी पा ले, नहीं होती इनको तृप्ति।
फालतू मकसदों से बचकर एक उम्र में सही दिशा देने वालों की कमी नहीं तेरे मैदान पर,
भ्रष्टबुद्धि राक्षसों को कुछ सद्बुद्धि और सारी मानवजाति को दे दे आत्मज्ञान और संतुष्टि।

3. 2019 में भारत पाकिस्तान

एक कहानी सुनाती हूँ आज मैं तुझे ऐ हिन्द देश के निवासी,
शायद वह सुनकर तुझे लेने की इच्छा हो जाएगी हाथ में असि।

चार युद्ध हारने पर भी अकल आती नहीं पाक को, हो जाता है नंगा,
भुखमरी है देश मे फैली फिर भी आतंक फैलाने में लगा है भिखमंगा।

पाकी आतंकियों ने हमला किया धोखे से मेरे वीर सैनिक भाइयों पर,
पाकिस्तान की कौमिक भ्रष्टबुद्धि ने चढ़ाया है उसे नफरत का ज्वर।

हमले पहले भी हुए, लेकिन सरकारें थी एक परिवार की गुलाम,
इस बार देश की नब्ज़ महसूस कर रहा था मेरे यहां का आवाम।

अति हो गई थी, अब तो देना ही था जवाब ईंट का पत्थर से,
जिन दिमागों के दरवाजे हो बंद, उन्हें खोलते हैं सिर्फ धमाको से।

मोदी तो है साधक, जान गए कि जो शहीद हो गए हैं सैनिक हमारे,
उनकी आत्मा हैं अतृप्त, और कर रहीं हैं स्वर्ग से वीरों वाले इशारे।

पूछ रही हैं क्यों हो गया ऐसा, क्यों सामना करना पड़ा हमें धोखे का?
क्यों छीन लिया हमारा हक जो है सीने पर गोली खाकर मरने का?

कर ही डाली सर्जिकल स्ट्राइक, ढेर हुए 350 आतंकी भेड़िए, सतर्क हुआ चाइना,
पूरी दुनिया ने देखा दम, जो है लिए एक भारतीय चायवाले का 56 इंच का सीना।

अब तो है इंतजार उस दिन का, जब वापस मिल जाएगी हमारी छीनी हुई सरजमीं, फिर सम्पूर्ण हो जाएगा मेरा आर्यावर्त,
कहत सनातनी कवयित्री की कलम, लुटेरों के दिए हुए नाम खारिज कर 135 करोड़ बहन भाई कहेंगे जय हिंद जय भारत।

4. भारतीय संस्कृति की सुंदरता

कुछ तो अच्छे कर्म किये थे मैंने किसी जन्म में,
तभी पैदा हुई हूं माँ भारती की पावन गोद में।
कितने सारे खेत खलिहान देख जिन्हें तृप्त होते नैन,
नदियाँ तो देती हैं अमृत जिससे मिलता मन को चैन।
हर मौसम के अपने सब्जियां फल व अद्भुत छटा,
सब पशु पक्षी नाच उठते जब छाती घनघोर घटा।
हर राज्य का है अलग पहनावा, अलग खान पान,
कण कण में गूंजती है वीरो वीरांगनाओं की शान।
सम्मान व प्रेम है यहाँ की संस्कृति का मजबूत आधार,
इसीलिए आक्रमणकारी लुटेरे बसे यहाँ, भूल म्यान तलवार।
पत्थरों को भी देवता मानकर पूजा है हमने सदियों से,
आंखें मूंदकर मन को शांत करते ध्यान साधना से।
सभी धर्मों को फलने फूलने का अवसर मिला इस भूमि पर,
विविधता में एकता सदियों से रही है यहां की हवा का स्वर।
उस परमेश्वर से मांगना हो यदि मुझे एक ही वरदान,
मांगूंगी यही कि अगला हर जन्म मेरा यहीं हो भगवान।

5. भारत विरोधी के लिए एक संदेश

सिर्फ मनुष्य या जीव जंतुओं तक नहीं हैं सीमित कर्मों के हिसाब,
यह तो भीषण युद्ध समान लंबी यात्रा की होती है एक किताब।
सामूहिक कर्मों का परिणाम चुकाती है देशों की पूरी धरती,
शेष बचे चार तत्वों को पुकार कर अपनी किस्मत को कोसती।
अंग्रेजों ने कितने जुल्म अखंड भारत और पूरे विश्व में किए,
असंख्य लोगों के आत्मसम्मान रौंद, माँ भारती के दीप बुझा दिए।
सिर्फ सैन्यबल व क्रूरता के दम पर पूरे विश्व को किया ध्वस्त,
कहा जाने लगा अंग्रेजी हुकूमत का सूर्य कभी नही होता अस्त।
समय बदलते आखिर देर कितनी लगती है इस दुनिया में?
सम्राट युधिष्ठिर भी बन गए थे रंक हारकर सब कुछ जुए में।
तो फिर पापी फिरंगियों का अभिमान होना ही था चौपट,
अल्पायु होती है जीत की जिसमे मिला हो छल या कपट।
एक सशक्त आजाद हिंद फौज भारत की मिट्टी ने पैदा की वीरों और वीरांगनाओं की,
जिसने मज़ा चखाया फिरंगी ताकतों को, हिदायत दे दी अपने वतन लौट जाने की।
आंखें व दिमाग खोल देखे सिर्फ नेहरू गांधी को इतिहास बताने वाले, चीन के चापलूस,
आजकल कैसे यूरोप धूँ धूँ कर जलता है, फैले रहते हैं इधर उधर बम व कारतूस।
आने वाले वक्त में चीन भी अपने कर्मों का करेगा पूरा भुगतान,
भारतीय फौज जब चखाएगी मज़ा, चीनी याद करेंगे ईश्वर भगवान।
जब इग्लैंड-यूरोप को पापों के फल मिल गए सौ साल में तो जाहिल चीन किस खेत की मूली है?
जाग जाओ साँप चिड़िया केचुएं खाने वालों, कर्मों की फांसी किसी को नहीं बख्शती ऐसी सूली है।
अरे मार्क्स की पूजा करने वालों, सबको पता है ईश्वर में नहीं है तुम लोगो का यकीन,
विश्व फतह करने का ख्वाब पालने वालों, हाथ से फिसल जाएगी तुम्हारी अपनी ज़मीन।
अपना सर्वस्व न्योछावर करने वाला प्रधानसेवक इस वक्त है माँ भारती के चरणों में सेवारत,
1960 का दशक भूल जाओ यह है 135 करोड़ भारतीयों का जोशीला आत्मनिर्भर भारत।

6. भारत का सौंदर्य

मेरे भारत देश की हर एक नदी है कितनी पावन,
आस पास इनके गांव शहर बसे बड़े मनभावन।
ऊंचे पर्वत हरे-भरे खेत खलिहान देख तृप्त होती आंखें,
ईश्वर से ये है प्रार्थना कभी कोई गलत दृष्टि से यहां न झांके।
कलकल बहते निर्मल झरने जैसे हैं सोमरस की कोई भरपूर धार,
कंचनजंघा की श्रृंखलाओं से सूर्य देव करते अंधेरे को तार तार।
मंदिरों के घंटे महसूस करवाते जैसे विशुद्ध दिव्यता,
महलों हवेलियों की बनावट दर्शाती है राजसी भव्यता।
भांति भांति के नृत्य-संगीत वायु में घोलते जैसे अनहत नाद,
प्राचीनकाल से ही परंपरागत रहा है शास्त्रार्थ व वाद-विवाद।
प्रेम व आदर की संस्कृति रही इस महान भूमि का गौरवशाली इतिहास,
व्यक्तित्व का गाम्भीर्य रहा ऐसा, कि लोग रहे खुश चाहे मिला राज या वनवास।
सदियों तक सोने की चिड़िया रहा मेरा देश, नहीं हावी होने दिया अपने सर पर कोई अहम,
तभी तो तपोभूमि के संतों ने विश्व बंधुत्व का नारा दिया जग को, जो है वसुधैव कुटुम्बकम।

7. भारत के ग़द्दार

आर्यावर्त की भूमि ने झेले हैं कितने सारे असहनीय वार,

कभी कभी सोचती हूँ क्या मेरे पूर्वज थे इतने भोले व गवाँर?

पहले 600 वर्षों तक आ गई मुगल गुलामी लुटेरों के आतंक से,

उसके बाद 200 वर्षों तक जुल्म किए मेरे पुरखों पर ज़ालिम अंग्रेजो ने।

कैसे सत्ता के भूखे और ताकत के अंधे लोगों से अपवित्र हुई हमारी माँ भारती,

कुछ मूढ़बुद्धि जयचंद व बिके हुए बुद्धिजीवी फिर भी उतारते हैं इन्हीं की आरती।

बेच दिया है अपना स्वाभिमान खो दिया है अपना विवेक,

कभी तो भुगतेंगे अपने बेकार कर्मों के फल करके एक एक।

लेकिन मेरा तो एक निश्चय है, ऊपर जाकर मेरी रूह ज़रूर पूछेगी चित्रगुप्त से एक सवाल,

इतिहास गवाह है इस पवित्र भूमि के वीरों वीरांगनाओं ने कभी नहीं किया किसी और को हलाल।

फिर क्यों इतने वर्ष इतने दशक इतने सदियों पीछे धकेल दी गई हमारी सबसे प्राचीन संस्कृति?

और इतना सब जानने के बाद भी क्यों पैदा होते हैं जयचंद इतने सारे, लेकर मन में इतनी विकृति?

हर बार ही पराई पत्तल का भात लगता है इन ग़द्दारों को इतना अधिक मीठा,

मैदा खाकर आधुनिक बनने के चक्कर में भूल जाते हैं गुड़, देसी घी व परांठा।

खाते हैं इधर का, गाते हैं उधर का, क्या है इनका वजूद?

थोथे चने हैं भीतर से या फिर जीवन में हैं कुछ उसूल?

बिना जाने अपने धर्म संस्कृति व आध्यात्म को निष्ठा व गहराई से,

सिर्फ बनिया बुद्धि जगाए रहते हैं ये, सियार जैसी धूर्त चतुराई से ।

अरे कोई समझाओ इन बेवकूफों को, तार्किक बुद्धि तो जागेगी शुद्ध शाकाहार से,

वरना पड़े रहोगे बनकर जानवर, खाल पहने इंसान की, ऐसा असर आएगा मांसाहार से।

हर बात में ठीक नहीं होता है करना किसी और की नकल,

मत भूलों नकल में भी लगती है आखिर थोड़ी बहुत अक्ल।

8. मेरा भारत महान

समूचे विश्व को स्वीकार करे ऐसी है मेरी सुंदर सनातन संस्कृति,

इसकी सभ्यता है ऐसी जिसमे घुले हुए हैं सम्मान व प्रीति।

नहीं सिखलाती ये किसी से बैर रखना या मन में पालना अहम,

हमारी यात्रा के ओर छोर हैं अहम ब्रहास्मी और वसुधैव कुटुंबकम्।

विश्व की सबसे पुरानी सभ्यता तभी तो कहलाए हम जगद्गुरु,

इस मिट्टी ने पैदा किए अनगिनत वीर जैसे वीर शिवाजी और पुरु।

पाश्चात्य संस्कृति क्या सिखाएगी हम भारतीयों को वस्त्रों पर टिके नारीवाद के खोखले सिद्धांत,

हमारे यहां हुई उभयभारती व गार्गी, जिनकी बुद्धि ने किया था तपस्वियों की जिव्हा को शांत।

गहरे ध्यान में मग्न होकर ऋषि एवम ऋषिकाएं जान गए सारी आयुर्वेदिक जड़ी बूटियों का ज्ञान,

सारे वेद पुराण पढ़िए तो अचंभा होता है, कैसी दूरदर्शी बुद्धि होगी हमारे प्राचीन मुनियों की महान।

लोगों के आचरण में होता था कितना प्रखर व्यक्तित्व कांच की तरह स्वच्छ चरित्र,

ओजस्वी वाणी थी कंठ में कितना ठहराव मनुष्य के साथ जीव जंतु भी होते थे प्रगाढ़ मित्र।

यहां की माटी और आबोहवा थी इतनी सुंदर और निराली,

इसीलिए तो गाय बैल बछड़े भी सुन पाए कान्हा की मुरली।

बाकी देशों में तो आए ईश्वर के संदेशवाहक उनको भी झेलनी पड़ी बेवकूफों की मार,

हमारी खूबी ऐसी थी कि पूरे नौ बार ईश्वर आए, लेकर भिन्न भिन्न योनियों में अवतार।

मेरे सनातनी भाइयों बहनों, मत बनो पाश्चात्य संस्कृति के गुलाम,

अपनी सभ्यता को समझोगे तो करोगे भारत माता को प्रणाम।

9. देसी संस्कृति

पैसा, सत्ता, पद और प्रसिद्धि
अहसास करवाते हैं माया का,
कर्ण, नैन, नासिका, जिव्हा व त्वचा
अहसास कराते जादू दुनिया का।
बैरागी मन तो संतुष्ट हो जाता है
लेकर सादा भोजन, फल व जल।
जिव्हा ही बेकार लालच देती है
क्षीण करवाती है शरीर का बल।
भोला मन एकदम संतुष्ट होता,
सुन सुरताल व सुमधुर संगीत।
पाश्चात्य बनने की अंधी दौड़ में,
लोग चलाते हैं भद्दे फूहड़ गीत।
नैन तो बेहद प्रसन्न हो जाते हैं
देखकर प्रकृति के सुंदर नज़ारे।
जाने क्यों कुछ युवा कर लेते हैं,
प्यारे से मानव जीवन से किनारे!
खुशबू चाहे मौसमी फूलों की हो,
या हो मेरी देसी काली मिट्टी की।
नाक को बस यही होती है पसंद,
ताज़ा करती पुरानी यादें कल की।
वासना रहित भक्ति भाव से भरा,
प्रभु की मूर्ति का स्पर्श है दिव्य।
मंदिरों की ऊर्जा करवाती ध्यान,
वातावरण होता है कितना भव्य।
ज़रा चढ़ने दो केसरी रंग स्वदेशी,
चखकर देखो लड्डू दाल बाटी।
कितना भी बनना चाहो विदेशी,
अपनी तरफ खींचेगी देसी माटी।

10. जीवन जिएं भारतीय तरीके से

चहुं दिशाओं में फैल रही है मेरे सनातन की आन-बान-शान,
विदेशी लोग भी अपना रहे हमारी जीवन शैली व खानपान।
जान चुकी है उनकी वात रोग से ग्रसित बुद्धि,
योग प्राणायाम से ही होती है सम्पूर्ण शुद्धि।
पहले शक करते थे हमारे मसाले व औषधिरूपी हल्दी पर,
अब तो आयात करवाते हैं, सब पीपे कनस्तर भर भर कर।
पहले मानते थे हिंदुस्तान को सांपों का और बीन बजाने वालों का देश,
अब बनिया बुद्धि लगाते रहते हैं, करने हेतु हमारे यहां पर निवेश।
किंतु हमने भी संकल्प ले लिया है आत्मनिर्भर बनने का,
आखिर यही तो तरीका है सम्पूर्ण स्वाभिमान से जीने का।
आने वाले दस वर्षों में मेरा भारत होगा विश्व की एक महाशक्ति,
ये सब सबूत मांगने वाले भी तब कर उठेंगे सनातन की भक्ति।

11. देशद्रोहियों के लिए एक संदेश

देशभक्ति नहीं होती साल में सिर्फ एक दो दिन दिखाने के लिए,

ये तो एक जज़्बा होता है यारों, हर नस में दौड़ाने के लिए।

कितने समाज सेवक जन्म लेते हैं समाज कल्याण के लिए,

फौजी पैदा करती हैं वीर माताएं, सर्वोच्च बलिदान के लिए।

अनगिनत वैज्ञानिक मेहनत करते एक मिसाइल बनाने के लिए,

कितने चिकित्सक जीवन दान देते अपना आराम त्यागने के लिए।

लाखों अध्यापक देते विद्यादान शिष्यों के भविष्य के लिए,

मौसम के तेवर सहते किसान लोगों का पेट पालने के लिए।

ऐसी कितनी बूंदों से भरता है ये महासागर फिर भी हो गए हैं कुछ लोग क्षोभी,

जाने क्यों कुंठित हो गई है उनकी बुद्धि जो बना रही है उनको देश विरोधी।

जाग जाओ भाइयों बहनों मत करो अपने वतन से गद्दारी,

शरीर या दिमाग की ही नहीं, ये तो है तुम्हारी रूह की बीमारी।

इतने नीचे गिर गए हो कि देश को बदनाम करने हेतु पैसे कमाकर मिला रहे हो विदेशी ताकतों से हाथ!

ये भी तो सोचो कि ये सफेद चमड़ी वाले भूरे बंदर कब तक निभाएंगे तुम्हारी कार्यसूची का साथ?

इज़्ज़त का कमाया पैसा ही देगा तुमको मन की शांति,

थक जाओगे कुछ साल बाद, करते हुए मूर्खों वाली क्रांति।

लौट आओ मन से, अपने वतन के साथ हो जाओ,

खुद भी खुश रहो और देश में खुशहाली फैलाओ।

12. विश्वगुरु - आर्यावर्त

कितने सारे ऋषि एवं ऋषिकाओं से महकती है पवित्र भारत भूमि,
धन एवं ज्ञान के समावेष से नहीं हुई यहां किसी प्रकार की कमी।
धन धान्य सोना व कपास इतना था, तभी तो इतने आक्रमणकारी आते रहे एक सदी तक,
ज्ञान विज्ञान व संस्कृति थे इतने गहरे, इसीलिए तो जलाया गया नालंदा को महीनों तक।
शूरवीर योद्धाओं के किस्से सुनाती दादी नानी लगती परियों सी,
ऐसे गुण कि युवाओं में थी मर्यादा राम सी, मोहब्बत श्याम सी।
प्रदूषित पाश्चात्य संस्कृति का भीषण प्रकोप तो अपने आप ही होकर रहेगा बिल्कुल कम,
जब आत्मनिर्भर हो मेरा भारत देश बन जाएगा एक विश्व शक्ति कर दुश्मनों की ताकत खतम।
मेरी सनातनी माटी ने बचा लिया लीलाधर श्रीकृष्ण को दे सेवाभावी माता पिता जैसे यशोदा और नंद,
विश्व बंधुत्व के ज्ञान से ही सात समंदर पार अमरीकियों को भी भाई बहन बोले थे विवेकानंद।
मेरे भारत की हवाएं तो रही हैं साक्षी कितने सारे शास्त्रार्थों की,
इन हवाओं में आज भी सुनाई पड़ती हैं मधुर झंकार वीणा की।
गंगोत्री का जल आज भी है शुद्ध जितना था तब जब भागीरथ ने किया था मां गंगा का आव्हान,
कोई प्यासा राही अगर चला जाए किसी कुएं के पास, तो वो महसूस कर सकता है अमृतपान।
हमारे यहां बने मसालों में हैं ऐसी सेहत, ताकत और भरपूर ताजगी,
जो मिटा देते हैं बड़े रोग, तभी तो आयुर्वेद लेते हैं यहां विदेशी रोगी।
कितने सारे विदेशी भी अब अपना रहे हैं हमारी सात्विक सनातनी जीवन पद्धति,
सोचती है सनातनी कवयित्री, भारत मां देगी आशीर्वाद तभी तो दुनिया करेगी उन्नति।

13. भारत का विकास

जो व्यक्ति बदी से कम बदनामी से अधिक डरे,

सोच लो कितनी भरी हुई है उसके मन में लोकेशना।

क्या कल्याण हो पाएगा ऐसी जीवात्मा का,

जिसके मन में भरी होती है कोई भी तृष्णा।

मुक्ति तो सम्भव होती है सिर्फ और सिर्फ एक पक्के मन से,

ना तो कर्तव्यों से मुंह मोड़ लेने से और न ही राग या द्वेष से।

ओ राही! तू स्वयं चुन अपने जीवन का मार्ग और बना अपनी डगर,

लोग तो कुछ न कुछ बोलते रहेंगे चाहे तू हो सफल या असफल।

आत्मनिर्भर व संतोषी बनकर रह जहां हो तेरी निजी जरूरतें उनको तू स्वयं चुन,

यह संतोष कभी न आने दे अपने भीतर जब बात मातृभूमि की उन्नति की हो।

ऐसे ही कुछ नवयुवक नवयुवतियां बना सकते हैं कलाम और विवेकानंद के सपनों का भारत,

अपनी जरूरतें तो पूरी कर लेता है एक जानवर, थोड़ा तो तू कर स्वयं को मां भारती में सेवारत।

14. भारत का विभाजन - एक कड़वा सच

कहीं हो जाता है जमीन का बटवारा कहीं हो जाता है जायदाद का बटवारा,
लेकिन इन सबसे भयंकर और दुखदायी था मेरे भारत देश का बटवारा।
ऐसी ऐसी विडंबनाएं हुई जो किसी जालिम और क्रूर ने सपने में न सोची थी,
इतनी लाचारी और बेबसी की चीखें और मौते शायद पहले उस रब ने भी न देखी थी।
कैसा अकल्पनीय माहौल रहा होगा, जब बिना किसी प्राकृतिक आपदा के ही हजारों लाखों लोग हो गए थे बेघर,
कितनी भयावह स्थिति होगी, जब रो रहे थे आमजन लेकिन कुछ दिमागी नपुंसक नेता खामोशी से देख रहे थे मंजर।
एक पूरा महीना ऐसा नहीं जाता जब मेरे एक भी सैनिक भाई के खून से लाल नहीं होती मेरे देश की ये धरती,
किंतु ये भी है अक्षरशः सत्य कि ज़हर को ताजा रखने का काम करती है पाक के आतंकी संगठनों में हो रही भरती।
कैसा खेल खेला क्रूर राजनेताओं ने, एक देश को बनाया कट्टर मुसलमान व दूसरे को सेक्युलर धर्मशाला,
पाक का मंज़र देखिए तो जान पड़ता है कि हिंदू चैन से गले के नीचे नहीं उतार सकते निवाला।
चार बार जंग में अपने ही पिता से मुंह की खाकर भी शांत नहीं बैठता है बेचारा पाकिस्तान,
फूटी किस्मत देखिए उस देश की, जो सेना चला रही है सत्ता और प्रधानमंत्री है कटोरा खान।
ज्यादातर आबादी सोती है भूखी, पढ़ाई व्यापार या विकास का दूर दूर तक नहीं है नामो निशान,
थोक में पैदा करते हैं बच्चे, दिखाकर सपने जन्नत की 72 हूरों के, बनाते हैं उनको आतंकी शैतान।
यह सब देखकर इस सनातनी कवयित्री की कलम एक बात सोचती है,
बटवारा न तो द्वापर में हुआ कामयाब, न कलियुग में इसकी कोई नियति है।

15. शहीद का खून- मातृभूमि का गहना

कितने सौभाग्यशाली होते हैं वो सैनिक, जो माँ भारती के लिए देते हैं अपना सर्वोच्च बलिदान,

मृत्यु तो आती है सभी को, लेकिन ये दीवाने लुटा जाते हैं मातृभूमि के वास्ते अपनी जान।

एक उद्देश्य हेतु जिया जाने वाला जीवन ही सबसे सार्थक होता है, ये तो सभी लोग मानते हैं,

फिर भी सिर्फ स्वयं की जरूरतों व इच्छाओं को पूरा करके, जाने कैसे इतने संतुष्ट हो जाते हैं?

लोकलाज के भय को बनाकर अपने जीवन का आधार, कई लोग जुटे रहते हैं करने में हर किसी को प्रसन्न,

हर वक्त सिर्फ "लोग क्या सोचेंगे" ये भ्रम उनके दिमाग की जैसे बन जाती है एक फडकती नस अभिन्न।

ये रणबांकुरे शूरवीर सैनिक सच्चे अर्थों में करते हैं देश की सबसे उच्चतम सेवा,

रत्तीभर भी परवाह नहीं होती है इनको, क्या मिलेगा इसके बदले में घी या मेवा?

तिरंगे में लिपटकर जब आते हैं शान से, तब लगता है कि साक्षात मातृभूमि भी कर रही है इनके वजूद को प्रणाम,

सारे पंचतत्त्व चाहे मिट्टी, जल, वायु, आकाश व अग्नि मिलकर मनाते इनकी अमरता पर जशन, ठोकते इनको सलाम।

जीवन तो कई सारे लोगों का होता है किसी उत्सव के समान,

लेकिन एक शहीद सैनिक की मृत्यु भी बनाती है उसे महान।

मेहनत, विकास, पुण्य, साधना, तप व त्याग के फल से राष्ट्र होता है हरा भरा,

भूमि तो सैनिकों के बलिदान से इठलाती है कहलाकर 'वीरभोग्या वसुंधरा'।

कुछ प्रेरक भारतीयों का जीवन

16. शहीद उधम सिंह को आदरांजलि

बड़े ही गर्व से गुरु द्रोण कहते थे, मेरा अर्जुन ही है सर्वश्रेष्ठ धनुर्धर,
किन्तु पार्थ को भी आवश्यकता पडी कान्हा की, जो दिखाए राह।
मां भारती ने सोचा क्यों न मेरी इसी धरा पर पैदा हो ऐसा वीरवर,
जो शत्रु की सरजमीं पर जा उसे मार डाले कर प्रतीक्षा 252 माह।
हम सबने देखा वही सपूत जन्मा माँ भारती जब हुई गुलाम,
अराजकता थी चरम सीमा पर फिरंगियों ने किया था कब्जा।
एक क्रूर आया उसी कुरुक्षेत्र पर किए निर्दोष लोगों के सर कलाम,
तब एक सच्चे क्रांतिकारी की रूह में भभक उठा देशप्रेम का जज्बा।
अपनी भूमि पर तो कइयों ने युद्ध किये लेकर म्यान और तलवार,
उन वीरों को नमन उनकी शहादत को हुई नसीब इतिहास में ख्याति।
किन्तु यह परमवीर चला गया शत्रु की जमीन पर करने उस पर वार,
जलाकर खुदमे सम्पूर्ण शौर्य का दीया व मजबूत संकल्प की बाती।
मारा उस क्रूर कमीने को उतार दी उसके सीने में दो गोलियाँ,
चकित रह गए भूरे बंदर, देखकर एक हिंदुस्तानी का बाहुबल।
बेचारे मंदबुद्धि समझते नहीं थे कैसे हैं एक देश में इतनी बोलियां?
1947 से आज तक याद करते हैं विभिन्न प्रकार के सब्जी व फल।
आज भी सरदार आपको आदर से याद करते हैं आपके देशवासी,
विश्वास है हमें आप भी ऊपर से बरसाते होंगे भरपूर आशीर्वाद।
आपकी कथाए सुनकर हर युवा उठाना चाहता है हाथ में असि,
आपकी मां भारती करती है आज भी आपकी रूह से खूब संवाद।

17. वीर सावरकर को श्रद्धांजलि

दिमाग में जिनके थे स्पष्ट विचार कर्तुत्व लिए हुए थे दोनो कर,
ऐसे महान देशभक्त और ज्ञान के धनी व्यक्तित्व थे वीर सावरकर।

जब मेरा सनातन धर्म और भारत देश गुजर रहे थे भीषण संकट से,
वक्त की मांग समझकर झोंका स्वयं को बड़े संघर्ष में शिद्दत से।

बुद्धिहीन भूरे बंदर समझ ही नहीं पाते इनके राजनीतिक दांव पेंच,
उनकी समझ आने से पहले सजा देते ये उनकी शूलों की सेज।

चाचा और बापू ने तबियत से खींचा इनको नीचे,
दोनों हुए पराजित सिद्धांतवादी फौज चलती थी इनके पीछे।

जेल में कैद करने की कोशिश की जब इस महापुरुष को जालिम अंग्रेजों ने,
कूद पड़े अरब महासागर में, अकेले तैरकर किया पार मां भारती के इस वीर सपूत ने।

भाषणों पर जब इनके लग जाता मानसिक गुलामों द्वारा प्रतिबंध,
तेज कलम चलाकर लिख देते थे सच्ची बेबाक बातें और निबंध।

कितना भी बदनाम करने की कोशिश करे इन्हें पाखंडियों द्वारा रचा मनगढंत इतिहास,
पीढ़ी दर पीढ़ी, नई ज्योत जलाएगा इनके विचारों, कर्मों और वाणी का सुवास।

18. नेताजी सुभाष चंद्र बोस को जन्मतिथि नमन

आज ही के दिन 123 साल पहले जन्मा था देश में एक महावीर,
जिसकी बोली और कर्म, दोनो से निकलते थे बड़े सटीक तीर।

उसने सात समंदर पार जाकर बना ली एक भारतीय फौज,
जीवन एक सन्यासी का, कोसो दूर थी उससे मस्ती और मौज।

सिर्फ नारे लगाकर नेतागिरी नहीं की, कर्तृत्व से दिखाया बाहुबल,
फिर भी कहलाया "नेताजी" क्योंकि मातृभूमि से प्रेम था उसे निश्छल।

उस पुरातन काल में भी, सही मायनो में देखिए एक निष्पक्ष आधुनिक सोच, मां भारती के इस बहादुर बेटे की,
नहीं मनाई रंगरेलियां गोरी मेम से, बल्कि तैयार की एक लक्ष्मीबाई रेजिमेंट बटालियन फौजी देसी महिलाओं की।

कैसी विडंबना है कि मेरे देश का इतिहास लिखा गया एक पापी परिवार और उसके चमचो के द्वारा,
जिन्होंने लगभग मिटा दिया नाम इस क्रांतिकारी वीर का, जिसने असल में अंग्रेजों की रूह को मारा।

लेकिन क्या हम सब हैं निहायती भुलक्कड़, जाहिल और गवांर?
कोई भी लिखेगा हमारा इतिहास, और बोलेगा उसे वक्त की मार।

समय तो जनाब 2014 से बदल चुका है फैला के अपनी भुजाएं,
जवान पीढ़ी और बच्चा-बच्चा जान गया है सारी सच्ची कथाएं।

शुक्र है सबको पता है किसने खून मांगा था सरेआम और बदले में लड़ाई लड़ी थी, लेकर अपनी रूह में बुलंदी,
राजगुरु, भगत, सुखदेव और कई चढ़े थे फाँसी, फिर सुभाष ने सैनिक जुटाए थे, तब मिली थी हिन्द को आजादी।

19. लाल बहादुर शास्त्री को आदरांजलि

इतने सरल और सहज व्यक्तित्व के स्वामी थे कि सब लोग करना चाहते थे इनसे मैत्री,

आज मेरी कलम करेगी नमन एक बेहतरीन नेता को, जिनका नाम था लाल बहादुर शास्त्री।

श्रेष्ठ राजनेता होते हुए भी लगते थे एक आम भारतीय इंसान,

फकीर थे और फकीर रहे, नारा दिया 'जय जवान जय किसान'।

देश के प्रति कर्मठता थी ऐसी कि पुत्री की मृत्यु के तीन दिन पश्चात जुट गए देशसेवा में,

रेल दुर्घटना हुई, तो रेलवे मंत्री होने के नाते इस्तीफा पेश कर दिया बड़ी ही प्रामाणिकता से।

पाकिस्तान के जनरल अयूब से मिलने गए, तो उस छोटी सोच के पाकिस्तानी ने उड़ाया छोटी कदकाठी का भद्दा मजाक,

तब कहा भारत मां के लाल ने "तू सर झुका कर बात करेगा, मेरा सर रहेगा उठा हुआ" कर दिया उस मंदबुद्धि को अवाक।

मेरी कलम कांप उठती है भयंकर क्रोध से, जब बताना पड़ता है कि ऐसी महान विभूति को मारा गया भोजन में विष मिलाकर,

आज तक कानून ने कभी नहीं दी मुजरिम को सजा, क्योंकि आसान है प्यारे भारत देश में न्याय को खरीदना, रुपए पैसे देकर।

आम जनता रहेगी उस नन्हे की दीवानी, क्योंकि सच्चाई, सादगी और मेहनत ओढ़े हुए थी उस दिव्य रूह की खाल,

विजय घाट का कण कण गूंजता है नन्हे की महानता से, जो सच्चे अर्थ में था इस मां भारती का लाल।

20. सरदार पटेल को नमन

एक धीर गंभीर व्यक्तित्व, जिसे देख अलगाववादियों की बुद्धि लेने जाती थी तेल,

अपने मुखमंडल पर ऐसा तेज लिए रहते थे मां भारती के गौरव सरदार पटेल।

बचपन में एक बार हुआ था इनको एक असाध्य और बड़ा-सा फोडा,

घरवाले चीरा लगवाने में डरे, तो खुद ही रख लिया उसपर गरम लोहा।

गजब की आत्मशक्ति थी इनके अंदर, मानना नहीं सीखा कभी विषम परिस्थितियों में हार,

इसीलिए तो बारडोली सत्याग्रह के पश्चात भारत का बच्चा बच्चा इनको कहने लगा 'सरदार'।

आम इंसान डरता है लगवाने में डॉक्टर अथवा वैद्य से एक छोटी सी सुई,

इस महापुरुष ने करवा लिया था पूरा ऑपरेशन, बिना लिए बेहोशी की दवाई।

जब अंग्रेज भारत छोड़ गए तब इतनी सारी रियासतों को जोड़ खड़ा कर दिया अखंड भारत,

पूर्ण बहुमत इनके पक्ष में था, फिर भी खुशी खुशी पंतप्रधान का पद छोड़ा, रहे देशसेवा में रत।

सुनों इक्कीसवीं सदी के हिंदवासियों, जिस नेता ने खेले अंग्रेजों से राजनीति के जमकर खेल,

मितभाषी होकर भी काम थे बड़े, ऐसे थे भारत के लौहपुरुष जिनका नाम था वल्लभभाई पटेल।

21. शहीद भगत सिंह को श्रद्धांजलि

पश्चिमी सभ्यता को अपनाकर स्वयं को आधुनिक समझते युवा देखते हैं उसमें अपना उत्कर्ष,
आंखे खोल कर देखो असली शूरवीर को, जिन्होंने स्थापित किए दशकों पहले सच्चे आदर्श।
ज़रा सी उम्र में सपना था बस एक कि देश मेरा रहे आबाद,
नारा दिया सबको एक क्रांति का जो था "इंकलाम्ब जिंदाबाद"।
माता पिता ने जब गृहस्थ बनाना चाहा, करवानी चाही इस महावीर की जबरन शादी,
घर से भाग गए शहीद-ए-आज़म लिखकर चिट्ठी, कहा मेरी दुल्हन तो है सिर्फ आज़ादी।
गाम्भीर्य देखिए एक फौजी युवा का, शिक्षा के साथ कलम भी चलती थी सिर्फ देश के लिए,
दोस्तों और वरिष्ठ क्रांतिकारियों संग पहुँच गए मैदान में, फिरंगी सायमन को भगाने के लिए।
ज्वाला क्रांति की भभक उठी, जब क्रूर फिरंगियों ने मार डाला लालाजी को,
युवा पीढ़ी के राजगुरु, सुखदेव व भगत सिंह ने भून डाला फिरंगी सॉन्डर्स को।
जीवनी इनकी पढ़िए, तो लगता है मातृभूमि के लिए शहीद होने के लिए ही जन्म लिया था भारत माँ के इस वीर
सपूत ने,
इसीलिए असेम्बली पर बम फेंककर अंग्रेजों को जगाने के बाद भागा नहीं कर दिया शान से समर्पण खुद ने।
जेल में भी चुप नहीं बैठे, लिखी एक डायरी और कर दी 116 दिन की भूख हड़ताल,
गांधी ने नहीं रुकवाई राजगुरु सुखदेव और इस वीर की फांसी, अलग ही थे उनके सुर ताल।
सदैव याद रखना मेरे देसी भाई बहनों, आज इस कवयित्री की कलम कहती है लाख टके की बात,
हमारे देश के लिए कई वीरों वीरांगनाओ ने दी हैं कुर्बानियां, नहीं है ये किसी अहिंसा की सौगात।

22. डॉ कलाम को नमन

आज मेरी कलम कहना चाहती है एक सच्चे भारतीय को सलाम,
श्रेष्ठ वैज्ञानिक होने के साथ साथ उत्कृष्ट व्यक्ति थे डॉक्टर कलाम।
बचपन में देखा जो सपना, उसके लिए पूरा जीवन खपा दिया,
उन्नत होते भारत देश को आधुनिक न्यूक्लिअर पावर बना दिया।
अटल युग में भूरे बंदरों के देश अमरीका को भी दी चुनौती,
पाकिस्तान को समझ आ गया कि वो बेचारा है एक पनौती।
ओजस्वी वक्ता होने के साथ ही थे एक सर्वोत्तम ज्ञानी अध्यापक,
जो इनकी कक्षा में बैठता, उसकी पलक नहीं झपकती अंत तक।
शिक्षा के साथ में दे देते थे ऐसी अद्भुत विचार, प्रेरणा व शक्ति,
कक्षा समाप्त होने के बाद युवा दिमागों में आती अनोखी युक्ति।
इतने सरल होकर भी करोड़ों की संख्या में थे इनके बुद्धिमान फैन,
सुप्रसिद्ध थे ये और लोग इनको प्यार से बुलाते थे 'मिसाइलमैन'।
बिना किसी के विरोध चुने गए भारत के राष्ट्रपति पद हेतु,
इनकी स्पष्टता के आगे, हिल जाते थे इटली के राहु और केतु।
साथियों, सुनो एक सत्य वचन 2004 में बन जाता फिर से भारत देश इटली का गुलाम,
अगर गोरी मेम की दोहरी नागरिकता के चलते शपथ लेने से न रोकते डॉक्टर कलाम।
वर्षों का बकाया शुल्क चुकाया तुरंत आदेश जारी कर फील्ड मार्शल सैम बहादुर को,
जब राष्ट्रपति भवन छोड़ा तो हाथों में थे मात्र दो ट्रांक, चकित किया भ्रष्ट नेताओं को।
अक्सर कहते थे दुनिया से कूच करूंगा विद्यार्थियों को पढ़ाते हुए मंच पर,
ऐसी परिश्रमी दिव्यात्मा के इस निर्णय को रब ने भी लिया सर आंखों पर।
प्रबंधन के विद्यार्थियों को जब दे रहे थे अनमोल विद्या रूपी ज्ञान,
आँखें सदा के लिए बंद हो गईं, चेहरे पर थी संतुष्टि की मुस्कान।
भारत की मिट्टी तो दिनों, हफ़्तों, वर्षों, दशकों, सदियों तक गाएंगी इनकी महानता के गीत,
जाने कितने समय के बाद फिर जन्म लेगी ये पुण्यात्मा, निभाने देश संग अपनी राँची प्रीत?

23. जय सियाराम

एक सौम्य संत रूपी वीर का अगर कभी होता है स्मरण,
तो अनायास ही याद आ जाते हैं मुझे सियाराम और लक्ष्मण।
सभी रिश्तों में रहे आदर्श, स्वयं जीवन पर्यन्त घूंट पिये विष के,
फिर भी स्थितप्रज्ञ बने रहे, सदैव किये सभी कर्तव्य पूरे भाव से।
एक आदर्श राजा बनकर भी कभी उन्होंने किया नहीं सीमाओं का विस्तार,
रावण वध कर सिया को छुड़ाया, सौंप दिया विभीषण को स्वर्णनगरी का भार।
अश्वमेघ यज्ञ करने बैठे जब साथ नहीं थी उनके सिया,
वचन नहीं तोड़ा सोने की सीता का निर्माण किया।
प्रभु के गुण इस कलियुग में भी गाता है सरयू नदी का नीर,
मन की स्थिरता व कर्मठता से सबके आराध्य बन गए रघुवीर।

24. राधे कृष्णा

कितना सुन्दर और मनोहर रूप है मेरे श्रीकृष्ण भगवान का,
नयन हैं गांभीर्य का सागर, मोरपंख है प्रतीक शून्य अहंकार का।
सुदर्शन चक्र है दुष्टों का विनाशक, हर पल साथ रहता मेरे प्रभु के,
उससे भी अधिक तीक्ष्ण है रहस्य भेदी मुस्कान, अधरों पर प्रभु के।
बांसुरी बजा गैया हांकी बचपन में, किशोरवय जीया गोपगोपियों संग,
माता पिता को कठोर कैद से छुड़ाया, जीत गए क्रूर कंस से अपनी जंग।
ज्ञान व प्रेम दोनों के रस को छक कर पीया, कर जाते अपने दुश्मनों को भी दीवाना,
इसीलिए महाकपटी शकुनि भी झुक जाता, जहां दिखता उसे कृष्ण बुद्धि का पैमाना।
बहन द्रौपदी की भक्ति को लिया सर आंखों पर, एक पट्टी के बदले दिया अनंत वस्त्र,
युद्ध में जब सर्वश्रेष्ठ धनुर्धर का गांडीव लड़खड़ाया तो दे गीताज्ञान चलवाए उससे शस्त्र।
धर्म स्थापना करवाकर भी पूर्ण मन से समझें माता गांधारी के भीषण दुख संताप को,
इसीलिए तो हंसते हुए स्वीकार किया उनके श्राप में अपने स्वयं के वंश विनाश को।
जीवन देखे प्रभु का तो लगता है जैसे सीखने को है उनसे कितना प्रचंड व गहरा ज्ञान,
किन्तु उनके पावन मोहक निश्चल रूप के दर्शन से हो जाते हैं भक्तों के जन्म महान।

आधुनिक भारतीय समाज के पहलू और लोग

25. बदलती जीवन शैली

प्राचीन सनातन कितना सुलझा हुआ था आर्यावर्त में,

कितनी उथल पुथल है आज के भारतीय समाज में।

इस भूमि पर हर प्राणी को अपने तरीके से जीने का था अधिकार,

आज तो हर तरफ जात, मजहब और पैसे ने मचाया है हाहाकार।

रामराज्य था कितना सुंदर, जिसमे मनुष्य के साथ पेड़ पौधे पशु भी थे बहुत सुखी,

आज बढ़ते हुए मांस मदिरा के सेवन ने कर दिया है मनुष्यों को सेहत से दुःखी।

पहले प्रकृति के काफी निकट था मेहनतकश और संतुष्ट मानव,

आधुनिक युग में तो मशीनों से घिरा रहता है कलियुगी मानव ।

आत्मसंयम और त्याग होते थे मानवता के अहम परिचायक,

अब तो वृद्धावस्था में भी बुद्धि रहती है अपरिपक्व ज्ञानमारक।

हवा की स्वच्छता जब जाती थी फेफड़ों में, तो हर श्वास करती थी मन मस्तिष्क को तरोताजा,

आजकल तो घोर प्रदूषण युक्त वातावरण पूरे दिन देता है हर किसी के फेफड़ों को सजा।

पहले पढ़ते थे विद्यार्थी अपने ज्ञान वर्धन करने व शिक्षकों से प्रेरणा लेने के लिए,

अब सिनेमा के असर से विलुप्त हो गए हैं मूल्य, कक्षा आते हैं छात्र सिर्फ उपस्थिति के लिए।

काश बन सकती कोई समय को मोड़ने की मशीन जिसमे इंसान बैठ पाते,

अपने हिसाब से समय सीमा तय करके काश पुराने दिनों को फिर से लौटा पाते।

26. शहीदों के परिवार - सच्चे बलिदानी

भारत की जल, थल और वायु सेना के वीर ऐसे अनोखे हैं,

समंदर से गहरे, वज्र से अधिक मजबूत, इनके बुलंद हौसले हैं।

हम और आप तो चुकाते हैं देश को अपनी आय में से थोड़ा कर,

ये योद्धा करते हैं अपना सर्वस्व समर्पण मां के चरणों में हंस कर।

जब भी देश को इनकी जरूरत पड़ती है, अपना सब कुछ पीछे छोड़कर आगे बढ़ते हैं,

तभी तो इनका सर्वोच्च बलिदान होने पर झंडे के तीनों रंग इनके वजूद पर लिपटते हैं।

इतना सब कुछ करते हैं ये इनके परिवारों को भी श्रेय का एक बड़ा हिस्सा दीजिए,

रह जाते हैं वो सिर्फ इनकी यादों के सहारे, उनको भी देशवासियों नमन कीजिए।

सच्ची कुर्बानी तो ये पीछे रह जाने वाले परिवारजन बिछोह का सहते हुए देते हैं,

शहीद वीरों की शहादतों को शायद इसीलिए, भगवान भी सर माथे पर लेते हैं।

काश कि ऐसा होता कि हमारे देश की सरकार इनके लिए थोड़ा और भी कर पाती,

ये त्यागी वीर तो सिर्फ देना जानते हैं, लेकिन काश सरकार इनको कुछ भौतिक दे पाती।

27. भावनात्मक मूल्यों का ह्रास

काश इक्कीसवी सदी में भी इंसान की पहचान के होते वही आंतरिक पैमाने,

बुद्धि, साहस, स्थिरता, चरित्र व उत्साह परखते अजनबियों के लोग अनजाने।

जाने आजकल की दुनिया में क्यों है इतना दिखावा मानो दिमाग हो गया है बजने वाला झुनझुना,

कपड़ों, गहनों और भौतिकता का प्रदर्शन करने वाला इंसान लगता है "थोथा चना बाजे घना"।

कितने सुखद होते था वो खेत खलिहानों में सुनाई देने वाला पंछियों का चहकना,

चिड़िया का डाल डाल पर फुदकना और रातरानी के फूलों का भरपूर महकना।

भरपूर वाद-विवाद होने के बाद भी परस्पर विरोधी विचारों के व्यक्तियों का प्रेम से आपस में गले मिलना,

बातों को तार्किक बुद्धि तक सीमित रखना एवं प्रौढता का परिचय देकर व्यक्तिगत मुद्दों पर जाने से बचना।

कहां गए वो दूरदर्शन के दिन जब समाचार में दिखाए जाते थे वास्तविक नजराने?

विज्ञापनों और धारावाहिकों में झलकते थे पारंपरिक भारतीय संस्कृति के अफसाने।

पड़ोसी की तरक्की देखकर दिल से खुश होते थे सब लोग,

पूरा मोहल्ला घर पर जमा होता था लगाने मीठे का भोग।

पाठशालाओं में हर सुबह की शुरुआत होती थी शुद्धतम सात्विक प्रार्थनाओं से,

महाविद्यालयों में प्रेम-प्रसंग चलते भी थे, तो मर्यादा की सीमाओं में खुद को बांध के।

आजकल का माहौल देख लगता है वे दिन कितने सुहाने थे जाने किसने लगाई है मेरे देश को बुरी नज़र?

मोबाइल, लैपटॉप और अपने व्यस्ततम दिनचर्या में उलझकर इंसान हो गया है अपने आप से भी बेखबर।

28. बड़े शहर के बूढ़े दादा

हर शाम को बूढ़ी आंखों से पेपर पढ़ते थे दादाजी,
खबरों में खोजने की कोशिश वे करते हकीकत।
हर खबर को बड़े चाव से पढ़ते भरपूर रस लेकर,
खुद को व्यस्त रखने की थी उनकी जरूरत।
अकेले रहते थे शहर से दूर छोटे से घर में,
बीवी को गुजरे हो गए थे अब पूरे पांच साल।
दांत नकली लगाते थे अन्न चबाने के लिए,
सर पर उनके बचे थे दो चार सफेद बाल।
एक दिन बीते दिनों की यादों में खो से गए,
कैसे पीटते थे जवानी में बीवी को, बेटा ना होने से।
आखिर ईश्वर ने सुनी उनके मन की खुश हो गए,
बीवी भी खुश हुई मुक्त होकर रोज़ के झगड़ों से।
बड़े लाड़ प्यार में पले बढ़े उनके साहबजादे,
आगे बढ़ने की होड़ थी सर पर सवार।
चले गए विदेश, हो गए भौतिकता के प्यादे,
उधर बसने के बाद, भूल गए मां बाप के उपकार।
पहले जब आते खत तो व्यंजनपूर्ण बनता खाना,
उसके बाद बंद कर दिया औपचारिक व्यवहार।
इधर से जाता फोन होता व्यस्तता का बहाना,
मां बाप याद करते बेटे को सुखाते हुए अचार।
मां जब हो गई एक दिन अचानक भगवान को प्यारी,
तो बूढ़े पिताजी ने लिखकर चिट्ठी, सूचना दे दी बेटे-बहु को।
उसे पढ़कर बेटे ने अकेले बूढ़े को रखने की नहीं ली जिम्मेदारी,
बेटे का औपचारिक फोन आया, तो वितृष्णा हुई बूढ़े बाप को।
इतना मोहभंग होने के बाद बुढ़ापे में उस इंसान की आंखें खुली,
अब तो थक चुकी थी उनकी बूढ़ी और दुबली पतली-सी काया।
लेकिन उनको लगा देर से ही सही थोड़ी तो संन्यास की बुद्धि मिली,
गहराई से सोचा तो महसूस हुआ कि क्यों कहते हैं बंधनों को माया।

29. पुरानी यादें

हर इन्सान पैसों के पीछे भाग रहा, सपनों में दिख रहे हीरे,
भौतिकतावाद खत्म कर रहा है मानवता को धीरे धीरे।
कहां गईं वे शामें जब जमती थी चौपालें हर गली नुक्कड़ पर?
पंचायती नहीं थी, लोग उपयोगी चर्चा से आते थे राजनीति पर।
अब तो तकनीकी क्षेत्रों में दफ्तरों के घंटे हो गए हैं जैसे पहाड़,
घण्टों काम के बोझ से युवाओं का घिस जाता है रीढ़ का हाड।
बड़े शहरों में बगल के पड़ोसी भी नहीं जानते एक दूसरे को,
कभी दिखे तो बस औपचारिकता करते हैं दिखाने भर को।
मेरे देश की संस्कृति सच्चे अर्थ में जीवित है आज भी गांव में,
प्रार्थना है किसान और सीधे लोग रहे वहीं की धूप व छांव में।
बड़ी बड़ी फैक्ट्रियां भले ही लगती रहे गांव से थोड़ी दूर,
लेकिन भारत के गांव रहे सादगी व आत्मीयता से भरपूर।
कहीं तो रहे प्रदूषण मुक्त वायु व शुद्ध नदी तालाबों का जल,
पीने को मिले देसी गाय का दूध व खाने को ताज़े व मीठे फल।
करे सच्चे दिल से दुआ इस सनातनी कवयित्री की ये कलम आज,
आत्मनिर्भरता की चादर ओढ़े भारत, इठलाए पहन हिमालय का ताज।

30. सिंदूर की शहादत

इस बार नहीं रखेगी वह गुमसुम लड़की करवा चौथ का उपवास,
उसका मित्र था सेना में, कम ही मिल पाता था उसका सहवास।

याद आती थी उसको बचपन की पक्की दोस्ती, जो हो गई थी जवानी की पवित्र मोहब्बत,
वो कहता बस एक बात का लगता है डर, क्या करोगी तुम जो मुझे नसीब हो गई शहादत?

हर बार वह कहती बचपन से तुम्हे अपना माना है किए हैं तुम्हारे लिए इतने व्रत,
वह साक्षात भगवान भी तुमको अपने पास बुलाने से पहले पूछेगा मेरा क्या है मत?

हर छुट्टियों में जब आता था वह अपने गांव,
तो उसको बड़ी अच्छी लगती बरगद की छांव।

लेटा हुआ था तभी आ गई वह बजाती हुई रुनझुन पायल,
उसकी जुल्फें देख उसका दिल होता बिना गोली घायल।

उस दिन वह बोली मेरी मांग में डाल सिंदूर बना लो मुझे अपना,
बचपन से हम दोनों का रहा है ये एक प्यारा-सा सुंदर-सा सपना।

उसने कहा इस बार जंग जीतकर जब आऊंगा तब तुम स्वागत करना मेरा लगाकर तिलक,
फिर कर लेंगे हम शादी और भरूंगा रोज़ तुम्हारी मांग, जब तक सलामत रहे मेरी हलक।

खुशी से किया उसने अपने फौजी को विदा, साथ में दिया मीठा व नमकीन,
इंतज़ार था उसको अपने फौजी का, रातें काटती थी वह तारें गिन गिन।

किन्तु एक दिन ऐसी दुखद खबर आई कि वह बुरी तरह से टूट गई अंदर तक,
तिरंगे में लिपटा फौजी का शव आया, गांव इकट्ठा हुआ तब उस छोर तक।

कई दिनों तक गम और सदमे के कारण रही वह चुप एकदम हो गया उसका हँसना बोलना बंद,
पहले कितनी कहानियां लिखती थी उसकी कलम, लेकिन अब तो सूझते नहीं थे उसे कोई भी छंद।

आखिर सोचा उसने श्रद्धांजलि देकर अपने प्रियतम को शांत हो पाएंगे उसके दिलो-दिमाग,
इतना सोचना था कि बन गया उसका जीवन ध्येय अब तो लेना है प्रतियोगी परीक्षा में भाग।

जब सारे चरण निकाल लिए उसने बड़ी खुश हुई वो उस दिन खोली उसने सिंदूर की छोटी डिबिया,
फौजी की तस्वीर के सामने गई इस जन्म में कर्तव्य निभाने, व अगले जन्म में मिलने का वादा किया।

31. दर्द से काव्य की ओर

कक्षा में यदि द्वितीय स्थान प्राप्त होता तो फूट फूटकर रोता,
कितने बेंत पड़ेंगे घर जाकर, ये डर उस मासूम को सताता।
कक्षा में बच्चे पढ़ाई के विषयों के अलावा खेलकूद में भी चाव से लेते बढ़ चढ़कर भाग,
वो किताबें खोल बैठता, सोचकर उच्चशिक्षित बुद्धिजीवी माँ बाप की महत्वाकांक्षी आग।
बड़ा गुमसुम रहकर बड़ा हुआ कक्षा में चिढ़ाते सब उसे किताबी कीड़ा,
सबके ताने सह लेता वो, किन्तु असहनीय थी घरवालों के तानों की पीड़ा।
अंतर्मुखी, शर्मीला होने के कारण किसी से कर नहीं पाता था वो अपने मन की बात,
बोलते वक्त हकलाने की वजह से, घेरे रहता था उस नन्ही जान को बेवजह अवसाद।
एक दिन घर आया तो माँ बाप ने सुना दिया फैसला, बड़े विद्यालय में लेना होगा तुझे प्रवेश,
उसने सोचा वैसे भी पढ़ाई ही तो करनी है, इसके अलावा जीवन में कुछ है नहीं विशेष।
नए विद्यालय में जब गया वो तो वातावरण था वहां का बिल्कुल अलग जैसे फिरंगी,
वो बेचारा देसी संस्कारों वाला कुछ ना कर सका, नामकरण हो गया उसका बजरंगी।
अब नौंवी से बारवी तक कैसे समय कटेगा यहाँ सोच सोच वो होता बड़ा हैरान,
ठीक दिखने की वजह से हमउम्र लड़कियां और भी छेड़ती करती उसको परेशान।
बारवी का परिणाम आया एकदम औसत, तो घर पर हुआ जैसे महाभारत संग्राम,
लेकिन वो तो मन ही मन खुश था आखिर खत्म हो गए थे स्कूल के कठिन परिणाम।
आगे के जीवन की जब यात्रा हुई प्रारम्भ,
दूसरे शहर के होस्टल में रहना हुआ आरम्भ।
अब उसको मिले जीवन के नए अनुभव बनते चले गए उसके मित्र शरीफ, सीधे व नेक,
अच्छे लोग आखिर ढूंढ ही लेते हैं अपने जैसे लोगों को, जिनसे मिलता है उनका विवेक।
जान लिया उसकी बुद्धि ने कि दुनिया इतनी भी नहीं है बुरी, भले ही हैं इसमें कष्ट व रोग,
इसीलिए तो सुप्रसिद्ध कवि रहीम ने कहा है "रहिमन इस संसार में भांति भांति के लोग"।
सृष्टि को जानने और स्वयं को पहचानने की लगन ने बना दिया उसे जवानी से ही आध्यात्मिक,
उसके कार्यों, गुणों और वचनों से झलकने लगा ज्ञान और शील जो था बड़ा ही शुद्ध एवं सात्विक।
किसी साहित्य व कला की औपचारिक शिक्षा लिए बिन,
कवि हृदय बना दिया उसको जीवन की यात्रा ने एक दिन।

32. आम भारतीयों के संघर्ष

एक सुई धागे की जोड़ी लेकर दिन रात वह बूढ़ी माई ग्राहकों के कपड़े सिलती रहती,

एक गिलास, गरम दूध और एक डली गुड़ मुह में रख कर सवेरे से काम में जुट जाती।

जब भी देखती अपने पोता पोती को, मुँह से उसके निकलती ऊपरवाले को याद कर सच्ची सी दुआ,

सोचती बेटे-बहु की मौत का बोझ सह लूंगी मैं, जो पढ़ लिखकर आत्मनिर्भर बन जाएं ये दोनों युवा।

दोनों पोता पोती अच्छे कॉलेज में दाखिला ले चुके थे, तैयारी कर रहे थे प्रतियोगी परीक्षाओं की जोरों से,

दादी ने उनके खाने पीने का ध्यान रखा, किन्तु अपनी रक्तचाप की दवा भूल गई एक दिन धोखे से।

रात को उनके सर में भयंकर दर्द हुआ, पोती ने देखा तो बुखार था बडा तेज़,

भाई को जगाया बोली दादी को ले चलते हैं अस्पताल, भगाकर स्कूटर तेज़।

दादी पहुँची नामीगिरामी प्रायवेट अस्पताल में, स्कूटर पर जैसे तैसे बैठकर,

पोता चला रहा था गाड़ी और पोती ने पकड़ा हुआ था उस दादी को कसकर।

इलाज में जितना रुपया पैसा खर्च हुआ पोते पोती ने खुद्दारी से साथ मिलकर झेला,

अस्पताल के बगल में ही लगा लिया शाम के वक्त कड़क चाय का ठेला,

जिस दिन बुढ़िया दादी निकली अस्पताल से ठीक होकर,

पोते पोती ने उसको बोला दादी अब तू बूढ़ी है आराम कर।

हम चलाएंगे खर्चा पानी तू बेफिक्र तीर्थ लगा कर आ,

हमारी तरक्की के लिए ऊपरवाले से दुआ कर आ।

बुढ़िया दादी बिल्कुल तृप्त हो गई ये अनमोल वचन सुनकर,

उसको लगा जैसे सोना बन गया हो भीषण आग में तपकर।

भाइयों बहनों, ये है सच्ची कहानी किसी संघर्ष शील घर की,

शब्द कोष कम पड़ जाता है, जब कविता होती है आम जन की।

33. एक अंधे भिखारी की बेटी

दरगाह के बाहर हाथ में कटोरा लिए खड़ा रहता था एक बूढ़ा दिव्यांग भिखारी,

दोनों आंखों से था लाचार, पास में खड़ी रहती बुर्के में लिपटी सुंदर बेटी कुंवारी।

दिन भर दरगाह आते लोगों से मिलती उसके पुराने धंधे को राह,

कुछ परमज्ञानी दे जाते मेहनत कर खाने की बिन मांगी सलाह।

एक बार दो छिछोरे लड़के आए, भरकर एक बड़ी सी गाड़ी में,

एक के हाथ में थी सिगरेट, दूसरे की आंखें थी लाल नशे में।

जवानी की खुमारी के साथ में सिगरेट, शराब का नशा चढ़ा हुआ था बुद्धि को ले गए थे यमदूत,

दोनों उतरे अपने बाप की गाड़ी से, नजर आ रहा था चरित्र से उनके भीतर छुपा जानवरों का वज़ूद।

दरगाह के पास गए तो भिखारी को महसूस हुई एक अलग सी आहट,

उसने बेटी को हिलाकर जगाया उसने जो लेटी हुई थी लेकर करवट।

भूखे भेड़ियों की तरह देख रही थी उनकी आंखें उस मासूम के जिस्म को,

उस बेचारी को आ रहा था क्रोध देखकर उनकी आंखों से फूट रही हवस को।

इतने में आ गए दो चार परिवार, तो आवाज़ लगाना शुरू किया भिखारी और उसकी बेटी ने,

इतने सारे लोगों को देखकर भाग खड़े हुए वो दोनों भेड़िए, लोगों ने डाले कुछ सिक्के कटोरे में।

उस रात को जब प्याज रोटी खाने की बारी आई, तो उस भिखारी ने कहा अपनी बेटी से,

कोई शरीफ लड़का पसंद हो तुझे, तो बता देना बिटिया रानी तू अपने बाबा को हौले से।

बेटी बिफर गई, बोली बाबा ढूंढ दो मुझे कोई अपने ही जैसा,

मैं सुंदर हुई तो क्या ढूंढती फिरू सिर्फ शराफत और पैसा?

सिक्के और नोट सिर्फ जरूरत पूरी करने के काम आते हैं,

और शराफत तो कुछ लोग दरगाह आते वक्त भी भूल आते हैं।

भिखारी ने कहा बिटिया रानी इतने दिनों तक मायके में ढोया है तूने मेरे अंधेपन का बोझ,

ससुराल में तो पति मिले तुझे शरीर से पूर्ण जो बिटिया को रखे खुश, तब पूरी होगी मेरी खोज।

बेटी ने तब दृढ़ होकर कहा बाबा हम लोगों का तो वैसे भी ये बड़े लोग करते हैं अपमान,

किन्तु नहीं होगा वो निकाह कुबूल जिन आंखों में नही देख सकती अपने लिए सम्मान।

दरगाह के भीतर बैठा खुदा सोच रहा था कहां कर दी मैने भूल?

भेज दिए धरती पर इतने सारे लोग जो हैं कितने उल जुलूल।

34. एक भोली लड़की से मजबूत महिला तक

एक बार एक छात्रा हो गई बहुत अधिक निराश,
परीक्षा में फेल हो गई थी, मन था उसका हताश।
सोचा क्यों न दुपट्टे से फांसी लगाकर दे दूँ मैं अपनी जान?
माता पिता की भी समाज में कुछ कम नहीं होगी मेरे कारण शान।
बड़ा भारी दुःख था इतना हावी उसके कोमल से मनो मस्तिष्क पर,
बचपन से पढ़ाई में ठीक थी, लेकिन नहीं थी स्पर्धा में किसी से बेहतर।
किन्तु थोड़ा रो लेने के बाद, मां से फोन पर उसने फिर की बात,
मन की कही तो माँ बिफर कर बोली भूल गई कि तू है औरत जात?
लोग नहीं समझेंगे क्यों लगाई तूने फांसी उल्टे मतलब देंगे हमारे उपर लाद,
कहेंगे कि तू लेकर मरी है पेट में किसी हरामी आदमी की नाजायज़ औलाद।
उस दिन समझ आ गया उसे कि जहां समाज देखता है एक कन्या अथवा स्त्री रूपी शरीर,
तो स्वयं को साबित करने की चेष्टा करने में जुट जाता है विषैले दुःशासन समान शूरवीर।
उस दिन उसने जान लिया कि जीवन तो है जैसे नदी का जल,
लोग बातें बनाएंगे, चाहे कोई सफल हो या फिर असफल।
आत्महत्या का विचार त्याग उसने आरम्भ किया फिर से जीवन का कड़ा संघर्ष,
एक भोली मासूम लड़की मरती गई, फिर एक वीरांगना का जन्म होता गया प्रतिवर्ष।
हर वर्षगाँठ पर ईश्वर व अपने जीवन मूल्यों का करती है वो बड़ी शिद्दत से स्मरण,
लिखने लगी धीर गंभीर कविताएं, छपवाने वाली है काव्य-संग्रह का पहला संस्करण।
आखिर जिसके जेहन में घूमते हो राष्ट्रवादी विचार,
उसके लिए तो एक समान ही है कलम और तलवार।

35. भौतिकतावाद से अध्यात्म की ओर

जग में चारों तरफ मचा हुआ है आम लोगों में हाहाकार,

धर्म, आध्यात्म, शिक्षा, स्वास्थ्य, रिश्ते बन चुके है व्यापार।

समाज और देश से खो रहा है सदाचरण एवं मूल शिष्टाचार,

अजीबोगरीब रोग और भ्रष्टबुद्धि ने विश्व में मचाई है मारामार।

सिर्फ भौतिक सुखों के पीछे अंधी दौड़ में शामिल है हर एक इंसान,

ऐसी परिस्थिति क्यों है कि आत्म हत्या करने को है मजबूर किसान?

काश ऐसा सरकारी यंत्र हो, कि परिश्रम करने पर अच्छा फल सबको मिले ये निश्चित वरदान,

कोई कलियुगी व्यक्ति विशेष पूजने योग्य नहीं है, किन्तु निष्काम कर्म में तो बसता है भगवान।

अपना सर्वस्व समर्पित न भी कर पाए, किन्तु भारत देश के लिए सब लोग करे कुछ तो अच्छा करम,

पाखंडी कामुक ठेकेदारों और अपनी हिंसा व बरगलाने को छोड़कर अपना ले मानवता का धरम।

संग्रही वृति कम से कम औलाद के लिए मत रख, अपनी आत्मा से कर ले परिचय,

शायद समझ पाएगा तू "पूत सपूत तो क्यों धन संचय, पूत कपूत तो क्यों धनसंचय"।

कुछ नहीं तो मृत्युपरांत संचित धन न दे औलादों को, तब तो हो जाएं सारे ऋणानुबंधों से मुक्त,

देश की किसी ईमानदार संस्था या सेना के नाम करें वसीयत, बिना श्राद्ध होगी आत्मा तृप्त।

सच्चे दिल से मांगे दुआ सनातनी कवयित्री की कलम,

सब मे हो पूर्ण आत्म विश्वास न हावी हो कोई अहम।

36. भारतीय संस्कृति बचाओ

कैसा हो गया है इस घोर कलियुग का मानव?

इसके दोगलेपन के आगे शरमा जाएंगे दानव।

व्यावहारिकता के नाम पर मन मैला है मुँह में राम बगल में छुरी,

चार धाम यात्रा भी पाप ना ढो पाएगी चाहे हो द्वारका या पुरी।

रिश्तें हो गए हैं जैसे बोझ व अपने मतलब के पर्याय,

ढूंढता फिर रहा हर इंसान बेचैनी अवसाद का उपाय।

पैसे से सुख मिलते हैं, नही मिल सकता कभी परम आनंद,

ये अक्ल आती बुढ़ापे में जब कोई करता नहीं है अभिनंदन।

अकेलेपन से परेशान है स्कूल जाता बच्चा, विद्या को नहीं पा रहा सींच,

एकांत का परम सुख भोग नहीं सकता, पला बढ़ा है मशीनों के बीच।

शहरीकरण, वैश्वीकरण व पाश्चात्य संस्कृति फैला रही है संतो की भूमि में अपने हाथ पांव,

कवयित्री का मन तो ए सी से भागकर ढूंढ रहा है नीम के पेड़ की सुकून वाली छांव।

हे ईश्वर! बचा के रखना मेरे देश की मिट्टी को मत खोने देना इसे अपनी अस्मिता,

आखिर है ये वीरों-वीरांगनाओं, संतों की भूमि बसी है, जहां की अनेकता में है एकता।

37. जब देवभक्ति मिली देशभक्ति से

एक बार हुआ यों कि मिल गई दो बहनें,
उच्च आदर्शों व भावों के पवित्र वस्त्र पहने।
एक दूसरे से भिन्न एक बहन थी देशभक्ति तो दूसरी थी देवभक्ति,
एक में थी सम्पूर्ण आसक्ति, तो दूसरी में थी सम्पूर्ण विरक्ति।
देशभक्ति ने कहा देवभक्ति से तुम इंसान को सही मायनों में पूर्ण बनाती हो,
देवभक्ति ने कहा देशभक्ति से तुम इतने बच्चों को भारत माँ से मिलवाती हो।
देशभक्ति ने कहा तुम्हारे लिए समर्पित करते हैं दीवाने अपने कर्म और मन,
देवभक्ति ने कहा तुम्हारे लिए बलि चढ़ाते हैं वीर सैनिक तन और मन।
दोनों ने खूब वार्तालाप किया और डाली वहां लोगों पर एक नज़र,
एक पूजास्थल पर मची भगदड़ में सब लोग भाग रहे थे इधर उधर।
पता चला पुजारी के हाथ से दीया गिर जाने से लग गई थी आग,
विपरीत दिशा में कई वीरांगनाओं की एक टोली रही थी भाग।
हाथों में उठाए पानी से भरी बाल्टियां टीन और कनस्तर,
हांफ रही थी ऐसी, मानो मील भागी हो पसीने से तरबतर।
आव देखा न ताव, जल उंडेला पानी आई दुर्घटना को टाल दिया,
सबने देखा इतने में, दानपात्र से पुजारी का रिश्तेदार दक्षिणा ले निकल लिया।
देशभक्ति ने देवभक्ति की ओर देखा नयनों में भरकर कटु व्यंग,
बोली अब समझी मैं तुमसे कुछ लोगों का क्यों होता है मोहभंग।
देवभक्ति ने बड़ी ही मृदुलता से कहा, अरी बहन बचो ऐसे पाखंडियों से,
पुजारी का रिश्तेदार हो गया तो क्या हुआ थोड़ा काम लो अपने विवेक से।
कौन सच्चा भक्त है, यह भोलेभाले लोग नहीं समझ पाते,
सच्चाई सामने आने पर फिर वों हैं बहुत ज़्यादा पछताते।
अरी देव तो सूक्ष्म और स्थूल दोनों में ही हैं बसे,
रूप व अवतारों में तो केवल दुखी लोग हैं फसे।
सच्चे अर्थ में मुझ तक वही जीव पहुँच पाएगा,
जो सम्पूर्ण सृष्टि के साथ एकनिष्ठ हो जाएगा।

38. शूरवीरता में दिव्यता

रेलगाड़ी का सफर करते हुए मिल गए एक बार सैनिक से एक संत,

बातों का सिलसिला चल पड़ा उनका ऐसा, जैसे रिश्ता हो अनंत।

सैनिक ने बताए अपने शूरवीर चरित्र और बाहुबल के किस्से,

संत ने भी बांटे अपने अद्भुत आध्यात्मिक ज्ञान के कुछ हिस्से।

कारवां जैसे जैसे बढ़ा आगे, दोनों ने किया अनुभव का अवलोकन,

फिर बातों ही बातों में जताने लगे एक दूजे को अपना मूल्यांकन।

संत बोले भाई कितना भी लड़ लो शत्रु से, सबसे बड़ा शत्रु तो है मेरे अपने भीतर,

आखिर मृत्यु के वक्त मन-बुद्धि-चित-अहंकार-आत्मा छोड़ शरीर होगा तीतर बीतर।

सैनिक बोला क्या शरीर मिला है सिर्फ खुद की सफाई के लिए?

यदि ऐसा होता तो क्यों जन्म लेता प्राणी भूमि गत कर्म लिए?

आप हैं एक महान संत आपने सृष्टि को समर्पित किया है अपना मन,

किन्तु मैं हूँ इस भूमि का बेटा मैं समर्पित करूंगा अपना मन और तन।

आप सुरक्षित रह कर सके अपनी नियमित साधना बेखौफ होकर,

इसके लिए भूमि की रक्षा करता हूँ मैं भूख प्यास नींद चैन खोकर।

आप लोगों को ले जाते हैं सन्यास के मार्ग पर बनाकर परम वैरागी,

मैं मातृभूमि की रक्षा हेतु भुला देता हूँ अपना घरबार व जिंदगी।

फिर क्या मोक्ष पर होगा सिर्फ और सिर्फ आपका एकाधिकार?

मैं वर्षों दशकों तक करता रहूंगा क्या इस भूमि पर नरों का संहार?

उठ खड़े हुए संत, बोले हे सैनिक अपने इतने महान कर्म को न आंक तू इतना हीन!

कार्य के पीछे का उद्देश्य भी देख, जो है जन्मभूमि की रक्षा, तेरी माता अवश्य है कुलीन।

आज हुआ मुझे नूतन ज्ञान क्यों राम और कृष्ण भी अवतरित हुए बनकर वीर?

सच्चा समर्पण तेरा ही है, हे महान कर्मयोगी तू है अर्जुन के गांडीव का तीर।

दिव्य ज्ञान व ईश के साक्षात्कार के अहंकार में मदमाता फिर रहा था मैं आज तक,

किन्तु जान गया तेरे कर्म हैं ऐसे कि कीर्ति तेरी फैलेगी सृष्टि के उस छोर तक।

इतने में स्टेशन आ गया गाड़ी रुकी, उतर गए दोनों राही,

हुई घोषणा सब हो जाएं एक ओर, किन्तु बढ़ी आवाजाही।

पूछताछ की तो पता चला आतंकियों ने किया हमला स्टेशन पर,

सब लोग भाग रहे थे सोचते हुए बस पहुँच जाए किसी तरह घर।

तभी देखा संत ने सैनिक भागा दूसरी तरफ उठाकर थैलों में ढेर सारे स्टेशन के पत्थर,

संत ने प्रार्थना की हे प्रभु बचाना मेरे इस जोशीले भाई को, सलामत रखना इसका सर।

बरसाने शुरू कर दिए आतंकियों पर पत्थर सैनिक ने कुछ लोगों को साथ लिए,

आतंकियों के हाथों से छूटे उनके हथियार इतना काफी था पुलिस बल के लिए।

एक एक कर आतंकियों को मार गिराया पुलिस और उस नौजवान सैनिक ने,

तब उस संत को बिना किसी तीर्थ गए दर्शन दिए उस सैनिक के रूप में ईश्वर ने।

39. भगवान के अजीब तरीके

सूर्य की तेज़ धूप भी जिसका कुछ नहीं बिगाड़ पाती,

ऐसी मेहनत से मजदूरी करता वो सांवला अनाथ लड़का।

जितना पैसा मिलता, शराबी चाचा झपट लेता उसके हाथ से,

पढ़ाई के लिए पैसा कहां से जुटा पाता, रहता एकदम कड़का।

एक दिन हिम्मत करके चाचा को छोड़कर निकल गया वो सदा सदा के लिए,

स्वर्गवासी मां की तस्वीर बल देती उसको रोज़ जलाता उसके लिए मिट्टी के दीए।

दूसरे शहर आकर कमर कसी उसने, अपने दम और हौसले पर कड़ी मेहनत करने की ठानी,

खूब पढ़ाई फौजी परीक्षा की और शाम को नौकरी इसमें झोंक दी उसने अपनी जवानी।

जिस दिन परिणाम आया वह हुआ बड़ा खुश देशसेवा का मिला था उसको मौका,

सोचा स्टेडियम जाकर क्रिकेट मैच देखकर आता हूं, बल्लेबाजों का छक्का और चौका।

स्टेडियम में मिल गए उसको एक वृद्ध सज्जन हांफते हुए ज़ोर ज़ोर से,

सब छोड़कर भागा वो उनको अस्पताल पहुंचाने मैदान के एक छोर से।

उन सज्जन को भर्ती किया अस्पताल में जैसे-तैसे बचे वो,

तब बड़े स्नेह से उसके सर पर हाथ फेरा उन्होंने पूछा उसको।

उसकी दास्तां सुनकर उनको लगा जैसे इसीलिए उस मेहनती को उनसे मिलना था,

आगे की सारी पढ़ाई का खर्च निकाल देंगे ऐसा उसको आश्वस्त करना था।

किन्तु वे नहीं चाहते थे मुफ्त में उसको कुछ देना, आखिर वो था एक खुद्दार,

इसलिए वादा लिया उससे कि भविष्य में वो भी रखेगा जरूरतमंदो से सरोकार।

ये सब लिखकर इस सनातनी कवयित्री का मन एक बात सोचता है,

किसी ने क्या खूब कहा ईश्वर एक हाथ से देता है, तो दूसरे हाथ से लेता है।

40. पश्चिमीकरण के बिना आधुनिकीकरण

सोचती हूँ क्यों पाश्चात्य विष का है लोगो पर इतना असर,
जाते हुए प्रभाव छोड़ जाएं क्या फिरंगी थे इतने ताकतवर?
कहीं न कहीं है हम लोगों को आत्मावलोकन की जरूरत,
क्यों काले को मानते हैं कुरूप व गोरे चिट्टे को खूबसूरत?
वेशभूषा व खानपान तक फिर भी झेल लेगी धरा भारत की,
किन्तु संस्कारों में तो सुगंध आने दो मेरी देसी काली मिट्टी की।
आधुनिकीकरण करना है तो क्यों बने हम नकलची?
फिर देखे खाना बनाने वाले में अन्नपूर्णा ना कि बावर्ची।
हमारी कमजोरियों को बड़ी ही शिद्दत से अंग्रेजों ने पकड़ लिया,
उनसे बड़ी भूल हमने की जो जयचंदो ने देश को जकड़ लिया।
स्वयं ही वीभत्सता से हँसे अपनी वैज्ञानिक जीवन शैलियों पर,
शायद इसीलिए दौड़ लगानी पड़ी डाक्टरों के जाँच केंद्रों पर।
आइये सब मिलकर बदले स्वयं के सोच विचार व आचरण को,
बचपन में लैपटॉप मोबाइल नहीं, सीखे गणित व व्याकरण को।
बढ़िया स्वास्थ्य हेतु अपनाएं योग प्राणायाम पढ़े प्राचीन पुराण वेद,
135 करोड़ परिवार वासी मिल जाएं मिटा दे सारे बेकार के भेद।

कुछ दर्शनिक पहलू

41. प्रेरणादायी दर्शन

बहुत बड़ी है ये दुनिया दोस्तों,
जाने कितने आए कितने गए।
स्थाई हैं उनके विचार व योगदान,
यही तो देते हैं व्यक्ति को पहचान।
एक बात गांठ बांध लेना मेरी,
छोटा सा लक्ष्य है एक अपराध।
कितना भी जोड़ लो करके प्रपंच,
जाओगे यहां से तुम खाली हाथ।
जितना जरूरी है उतना ही जोड़ो,
रखो निजी इच्छाओं पर लगाम।
किंतु देश व मानवता के प्रति सदा,
बने रहना डॉ ए पी जे अब्दुल कलाम।
नैतिक मूल्यों के दायरे में भी की जाती है कड़ी मेहनत,
उससे भी हासिल होती है सपनों की सुनहरी जन्नत।
खाते हैं इस धरा का अनाज पीते हैं इसका जल,
तो फिर क्यों न करें इससे बेइंतहा प्रेम हर पल?
सौ टके की बात बताती है इस सनातनी कवयित्री की कलम,
इस प्रेम से हो जाएगा उद्धार, मिट जाएगा तुम्हारा झूठा अहम।

42. दुनियादारी से अध्यात्म की ओर

भक्ति से बुद्धि सन्मार्ग पर आ जाती प्राणी की,
तो दशानन रावण से बड़ा कोई शिवभक्त न था।
समस्त विद्याओं का ज्ञान यदि तार देता जीव को,
तेरह वर्ष तक पांडवों को वनवास क्यों हुआ था?
विवाह से अगर कन्या के सुख सुनिश्चित हो जाते,
तो क्यों तड़पती पुत्रों संग वन में जनकनंदिनी सीता?
वंशवृद्धि से अगर मोक्ष प्राप्त हो जाता मनुष्य को,
तो पुत्र मोह में अंधा धृतराष्ट्र सबसे सफल प्राणी होता!
ऐ कलयुगी मनुष्य, तू तो निश्चिंत होकर प्रज्ञावान बन,
ईश्वर का स्मरण करके, करता चल सकारात्मक कर्म।
साम-दाम-दंड-भेद लगाकर खोज अपना जीवनलक्ष्य,
वही मिलेगा मुक्ति का मार्ग तुझे वही होगा तेरा धर्म।

43. जीवन प्रवाह

कोशिश करो जीवन भर, ये उड़ान तो हमेशा चलेगी,
कभी सफलता तो कभी विफलता हाथ तेरे लगेगी।
सफलता को न सर चढ़ने देना, विफलता को न लेना दिल पर,
ये दोनों तेरे वजूद को नहीं करते तय, वो तो है तेरे अपने भीतर।
रास्ते हो मुश्किल, तो कर लेना अपनी जिद को और कड़ा,
मन कमज़ोर हो हार मान ले, तो बुद्धि को कर ले अधिक बड़ा।
कड़ी मुश्किलों का सामना करना पड़े तुझे फिर भी आगे बढ़,
अपने आपको झोंक डगर पर और अपनी सीढ़ी खुद चढ़।
अपना सहारा होते हैं हम स्वयं तो फिर क्यों ले किसी का संबल,
इतनी ताकत ईश्वर देता ही है कि महसूस करे हर इंसान आत्मबल।
जीवन तो अपने दम पर ही जीया जाता है अनुभव कर हरेक पल,
इसीलिए तो धारा समान आगे बहता ये जैसे हो गंगा का जल।

44. जीवन संघर्ष

जीवन लक्ष्य का ज्ञान इतना सरल भी नहीं है ओ पथिक,
जैसे चप्पू से खेते हुए अपनी नाव बढाने लगे एक नाविक।
कुछ के लिए है ये खोज फूलों की सुगंधित सजीली राह,
किसी के लिए हो सकती है यह कड़े संघर्ष भरी चाह।
एक ज़रूरी बात रखना अपने अंतरमन में सदा ही ध्यान,
तेरे लक्ष्य को हीन आंकने वालो से तेरा कम नहीं होगा मान।
किन्तु यह सत्य है कि अगर तूने इस दिशा में नहीं किया प्रयास,
तो बार बार तेरे कर्म लाएंगे तुझे इस धरती पर लेकर ढ़ेरों आस।
लक्ष्य प्राप्ति हेतु भोगा पांडवो ने वनवास और अज्ञातवास,
श्रीकृष्ण को परशुराम ने चेताया आकर सांदीपनि आश्रम में।
फिर तू क्यों डरता है तेरे शरीर में भी है वही लहु व हाड़ मास,
उसूलों व आस्था का दीपक जला झोंक खुद को इस खोज में।

45. जीवन यात्रा

दिल जब हो जाता है निराश मेरे उत्साह का हो जाता है हरण,

मन के किसी कोने में जगी रहती है आशा की सुनहरी किरण।

कठोर परिश्रम है मेरे बस में बाकी जैसे उस ईश्वर की मर्ज़ी,

उसका दरबार बड़ा विशाल जाने कितने लोगो की लगी है अर्ज़ी।

विश्व की विशाल जनसंख्या वो भी मानवों की, सबका मालिक वो एक सर्वशक्तिमान,

दिखाते हुए सब पथिकों को मार्ग वो स्वयं भी तो हो जाता होगा जाने कितना हैरान।

कितनों को रहती होगी शिकायत कितनो की कोई आरज़ू,

इच्छाओं के ज्वर से कितना भारी होगा तौलकर देने का तराजू।

कर्मो की तुला तो सम्पूर्ण मानव जाति के लिए है एक समान,

फिर पता नहीं लोग क्यों जलते हैं देख दूसरों की आन बान शान।

सोचो यदि सबको बिल्कुल एक सा मिलने लगे रोटी कपड़ा और मकान,

समाप्त हो जाएगा विविधता का सौन्दर्य ईश्वर स्वयं होगा कितना परेशान।

मानने वालों का तो पता नहीं लेकिन मांगने वालों की संख्या में दर्ज होगी भारी गिरावट,

जो अभी याद करते हैं नियम से सुबह शाम, पता नहीं कितने सालों में आएगी उनकी आहट।

आकांक्षाएं इच्छाएं सुख अगर होंगे ही नहीं, तो कौन इनके पीछे भागेगा बनकर मिथ्या भोगी?

लक्ष्य दुःख कठिनाइयां न होंगी जो जग में, तो किसका मन बनेगा फ़कीर बनकर सम्पूर्ण योगी?

राही का कार्य तो है निरंतर बिना थके आगे बढ़ते रहना,

न रुकना न ही दौड़ना, बस निश्चय पूर्वक चलते रहना।

46. जीवन से बड़ा जीवन लक्ष्य

तेरे इरादे यदि हैं किसी चट्टान जितने मज़बूत,
चरित्र बेदाग रख सकता है ऐसा है तेरा वजूद।
किस बात का डर तुझे जीवन नैया के नाविक?
आगे चल अपने उसूलों का बन तू सच्चा आशिक।
लोग क्या कहेंगे ये भय निकाल अपने मन से,
जो आज तेरे लिए व्यर्थ बकवास कर रहे मुख से।
सबकी राह में पहले ही भरी पड़ी हैं ढेरों परीक्षाएं,
कल खुद के कर्मों को रोएंगे ले मौसम की शिक्षाएं।
मनुष्य योनि में आया है तू न जाने कितने जन्मों पश्चात,
जाते समय तो सभी लोग जाते हैं बिल्कुल खाली हाथ।
व्यर्थ ना लुटा इस सफर को कुछ कर मातृभूमि के लिए,
तेरे कर्म हो ऐसे कि तेरे बाद भी लोग उनका अमृत पिए।

47. जीवन की हकीकत

खुशियों का काफिला यूं नहीं आएगा पीछे तेरे,
ओ राही तू मंजिल की तरफ चलना तो सीख ले।
जिंदगी एक क्षण में पलकों से ओझल हो जाएगी,
इस पल की आती जाती साँस को महसूस कर ले।

क्या तेरी आत्मा को शरीर में डालते वक्त परमात्मा ने,
वादा किया था कि सफर सिर्फ सुहाना और हसीन होगा?
फिर क्यों तू रोया उन बातों पर जिनपर बाद में स्वयं हँसा?
साक्षी भाव से देख तो मोहमाया से विचलित नहीं होगा।

गहराई और समझदारी आ गई अगर सोच-विचारों में,
तो जान ले कि नब्बे फीसदी दुनिया तुझे 'पागल' बुलाएगी।
लेकिन सौ फीसदी भी तू इसी दुनिया के हिसाब से चल ले,
फिर भी तेरे कूच करने के बाद ही तुझे "महानआत्मा" पुकारेगी।

जीवन में सपने हो या ना हो, कम से कम एक उद्देश्य तो बना ले,
वरना मन क्या खोया क्या पाया का हिसाब ही करता रहेगा।
बुढ़ापे में थककर बनिया बुद्धि लगाने से कई गुना बेहतर है,
जीते जी हिसाब रख तो कुछ कल्याणकारी कार्य करेगा।

48. दुनिया के रंग

विभिन्नता को स्वीकार करने की अकल और विस्तृत सोच उपरवाले ने दी नहीं,
इसलिए अपनी छोटी बुद्धि से न जाने कितनों को पागल बोलती है ये दुनिया!

हर शख्स पर ग्रहों ने, ईश्वर ने और उसके अपने कर्मों ने जाने कितनी मेहनत की है,
अचम्भा नहीं होता इस सृष्टि की सुंदरता पर बस जीने के लिए जीती है ये दुनिया।

जानवर तो बेचारे प्रकृति के नियम से बंधकर किसी का भला-बुरा कर नहीं सकते,
लेकिन अपने अहंकार में चूर मनुष्यों को भ्रम में ही सड़ने गलने देती है ये दुनिया।

पता नहीं किस बात का घमंड पाले रखता है बेचारा भोला भाला डिग्रीधारी मानव,
मोहमाया को सच और परमसत्य मृत्यु को झूठ मानने पर मजबूर करती है ये दुनिया।

दूसरों पर तरस खाने वाला, सिर्फ अपने आपको आदर्श मानने लगता है हर एक इन्सान,
ऐसे कितने सारें महामानवों को एक ही पृथ्वी पर प्रेम-नफरत से बांधे रखती है ये दुनिया।

"मेरा जीवन सबसे आदर्श" ये वहम खुशी का कारण है ना जाने कितनों के लिए!
आखिकार हर मनुष्य को अपने अहंकार से लड़ने पर मजबूर कर देती है ये दुनिया।

49. मौत को जानो

मृत्यु से इतना भी क्या डरता है तू हे भोले भाले कलियुगी मानव?

उस क्षण के आने से पहले खत्म कर दे स्वयं के भीतर का दानव।

हर छूटती श्वास के साथ जिंदगी तेरी एक पल होती है कम,

लेकिन क्या तू मनाता है उस क्षण के लिए जरा सा भी गम।

मृत्यु तो बस इतना अनुभव होगा, कि श्वास छूटने के बाद फिर ना आएगी शरीर के भीतर,

साक्षात भाव से देहात्मा देख सकेगा शरीर को, जो कुछ समय बाद हो जाएगा तीतर-बीतर।

जो लोग उस शरीर से अपनत्व का भाव जोड़ बैठे थे, आंसूं बहाएंगे कुछ पल,

कुछ दिनों बाद आगे बढ़ जाएंगे, क्योंकि समय है आगे प्रवाहित होने वाला जल।

शाश्वत सत्य स्वयं की मृत्यु को भी नहीं मान पाती है कुछ अपरिपक्व लोगों की मूढ़ बुद्धि,

सोचते हैं "सब मरेंगे किन्तु मेरा शरीर रहेगा शाश्वत", जैसे मिली हो कोई दिव्य सिद्धि।

किन्तु जो ज्ञानी इसे यथार्थ मानकर हैं डगर पर चलते,

बड़ी भारी विपदा आ जाने पर वो हाथ नहीं हैं मलते।

पीछा नहीं छोड़ते हैं तो सिर्फ और सिर्फ इंसान के कर्म,

बाकी सब कुछ छूट जाता है चाहे परिवार हो या देश, धर्म।

समझदारी व सजगता से जीवन जीना इसीलिए तो माना गया है सबसे अधिक महत्वपूर्ण,

जीवन मूल्य, अनुभव, गहराई व ज्ञान से सर्वांगीण विकास होता इनका नहीं है ये कोई चूर्ण।

50. भावना और कर्तव्य

एक बार हुआ यों कि आमने सामने आ गए भावना व कर्तव्य,

हर बात पर होने लगी तकरार, मिला ही नहीं एक भी मंतव्य।

भावना बोली मेरे बिना जीवन अधूरा है, किसी भी इंसान का तुम तो हो बड़े ही कठोर व रूखे सूखे,

कर्तव्य बोला तुम लोगों के मन में लाती हो सिर्फ आवेग-तूफान जब धरती पर कितने पेट हैं भूखे।

दोनों में तीखी बहस होती चली गई, निकलता गया वक्त,

बहस से उसे क्या लेना देना था, वो तो था अपनी धुन में मस्त।

जब अति हो गई कोई ठोर न बचा, तभी घूमती हुई प्रतिबद्धता आ गई उन दोनों के बीच,

उसके आ जाने से अलगाव की दीवार ढह गई, प्रेम की धारा ने दिया दिलों को सींच।

दूर के दो किनारों पर खड़े थे जब तो हो रही थी कलह,

प्रतिबद्धता के मध्यम मार्ग निकालने से हो गई सुलह।

51. दुखों से अध्यात्म तक

अपने लाइलाज दुखों पर इतने आंसू भी न बहाया कर तू हे कलियुगी इंसान,
ऐसे दुख ही तुझे राह पर ले जाएंगे घोर तपस्या एवं पूर्ण आध्यात्म की।
दुख सुख तो कर्मों से हैं आते झोली में, कुछ का इलाज नहीं करता स्वयं भगवान,
तेरी ये जीवन की यात्रा होगी बडी ही उद्देश्यपूर्ण रोमांचक चढ़ाव एवं उतार की।
कोई भी अनुभव है व्यर्थ, यदि तू उसमे उलझ गया केवल भावना के स्तर पर,
कुछ बुरा होता है तेरे साथ, तो पलट कर देख कुछ समय बीत जाने के बाद,
स्वयं तू देख पाएगा उस घटना को परिस्थिति के उस पार जाकर साक्षी बनकर,
व्यक्ति या परिस्थिति का डटकर सामना किया तूने ये बातें आएंगी तुझे याद।
सारे रिश्ते-नाते इसी जन्म के होते हैं इस सच्चाई को जान ले,
मोह के परे जाकर कुछ सोचने करने की है तुझमे शक्ति।
शरीर तो एक दिन छूट जाएगा इस शाश्वत सत्य को मान ले,
जीते-जी इस प्रकृति संग रम जा वही होगी तेरी सच्ची भक्ति।

52. अहम को मारो, मौत को करो याद

विश्व में ज़्यादातर लोग चाहते हैं रहना बहिर्मुखी,
क्योंकि अंतर्मुखी होने से हो जाते हैं बड़े दुःखी।
अंतर्मुखी इंसान करता है आत्म निरीक्षण,
लोग फंस जाते हैं करने में आत्म विश्लेषण।
आत्म निरीक्षण तो होता है स्वयं का तर्पण,
इंसान को दिखाता है उसके मन का दर्पण।
भूल जानने पर उसको स्वीकार करने के लिए भी चाहिए एक मज़बूत व फौलादी जिगर,
इतना कष्ट क्यों करें मैं हूँ सर्वश्रेष्ठ ये भ्रम पालना है आसान ऐसा अहं आड़े आ जाता है मगर।
इसी अहंकार पर तो पानी होती है इंसान को विजय,
अन्यथा जग जीतकर भी महसूस होगी घोर पराजय।
छोटी सी उम्र में नहीं होती अहं की इतनी आग,
शरीर की चेतना में नहीं फंसा होता राग।
बड़े होने पर अपने आप ही हो जाता है ये मज़बूत,
मनुष्य की बुद्धि के विनाश का बन सकता है ये ताबूत।
इसीलिए तो शास्त्रों में मृत्यु ज्ञान को माना गया अचूक तीर,
ज्यों ही याद आ जाता है कि घोर नश्वर है मेरा ये शरीर।
वैसे ही उठती है सांसारिक भ्रमों से ऊपर ये मानव चेतना,
सुख दुखों के बंधनों से परे जाकर जगाती है मन में उपासना।

53. जीवन की परतें

इंसान का मन है कितना चंचल, चपल, कोमल, शीतल और विशाल,

भावनाओं विचारों को अपने भीतर समेटे हो जाता है कभी-कभी बेहाल।

शुक्र है इसके ऊपर बनाई गई है बुद्धि की एक मज़बूत परत,

मन को दिखाती राह, रहती सचेत, व्यक्त करती इंसान की सीरत।

चित्त तो है अनुभवों, संचित कर्मों का पुलिंदा एवं अतीत का एक स्मृति-पटल,

गाड़ी के पिछले दर्पण की भांति दिखाता है, स्वयं व्यक्ति को आइना अटल।

इन सबसे ऊपर है एक और परत जो है, बड़ी ही गलत व्याख्या करते हैं लोग जिसकी, व्यक्ति का अपना अहंकार,

कभी महसूस करवाता है इंसान को वैयक्तिकता, तो कभी महसूस करवाता है उसका दिव्य अस्तित्व, जो है निर्विकार।

मानव को इन सब परतों का उचित समय पर उपयोग करने हेतु दिए हैं विधाता ने नश्वर शरीर एवं श्वास,

जो मानव ये कार्य कर सकता है उसी के भीतर उठती है सुंदर सृष्टि व स्वयं को जानने की एक आस।

54. धीरे चलो

थोड़ी सी यात्रा की अपने चित्त के भीतर की,

तो महसूस हुई स्मृति पटल पर यादें अतीत की।

बचपन बेहद मासूम और कितना बेफिक्र था अल्हड़ किशोरवय,

जवानी और बुढ़ापा तो होता है मानो जिम्मेदारियों का समन्वय।

अच्छा हुआ उस वक्त बड़े हुए हम जब नहीं होते थे तकनीकी संसाधन,

इन्सान कम पागल थे, आजकल तो चौबीस घंटे ढूंढते हैं मनोरंजन।

सोचती हूं जाने किस दिशा की ओर अग्रसर हो रही मानवजाति?

संस्कारों का उड़ाया जाने लगा है माखौल, गायब हो रहे दीया बाती।

क्या मशीन, व्यापार व लालची देशों की विस्तारवादी नीतियों से बच पाएगी ये सदी?

या इन्सान ही इन्सान का भक्षण करेगा, ऐसा दिन भी दिखाएगी ये आधुनिकता की गति।

हे कलियुगी मानव! तू धीमा होकर थोड़ा सा रुक जा पानी पीकर सांस ले,

भौतिकतावाद में इतना भी वस्तुओं के मोह में अंधा ना हो शांति की राह हो ले।

एक दिन तेरे इस शरीर का अंत होगा ये तो है सुनिश्चित,

तू यहां से क्या लेकर जाएगा चाहे मिले तुझे सब मनोवांछित।

इतनी समझ डाल अपने मस्तिष्क में कि तू यहां लेने नहीं देने आया है,

समाज और राष्ट्र के नाम अपने वजूद के घड़े से अर्पण करने आया है।

55. प्रार्थना- कृतज्ञता की अभिव्यक्ति

प्रार्थना की ताकत ऐसी होती है,

मन को काफी मजबूत करती है।

जब कड़े परिश्रम करके थक चुका होता है इन्सान,

तब यही हथियार बनाता है उसका आत्मसम्मान।

सच्ची प्रार्थना तो वो होती है जनाब,

जिसमे मिल जाते हैं प्रश्नों के जवाब।

वैरागी हो जाता है जब एक तृप्त मन, कुछ भी मांगने की इच्छा ही नहीं होती,

केवल शुक्राना करते हुए मिल जाती है बड़े कमाल की मानसिक शक्ति।

बड़ी बुद्धि से अगर सोचकर देखें, तो ऐसा जान पड़ता है,

किसको, कब, क्या, कितना देना ये सिर्फ ईश्वर जानता है।

भौतिक सुखों की क्या कामना करूं मैं सब मिलने के बाद भी नहीं मिटती कुछ भोगियों की सुरसा जैसी इच्छाओं की हाय,

इसीलिए तो मेरा कवि हृदय ऐसे फकीरों को प्रणाम करता है जिनका मंत्र होता है "सर्वजन हिताय सर्वजन सुखाय"।

प्रार्थना में तो सिर्फ ताकत मांगे हर एक इन्सान,

तो शायद सबकी प्रार्थना सुन लेगा वो भगवान।

56. जीवन का सत्य-प्रेम

जैसे ही कभी भी कहीं भी प्रेम शब्द का जिक्र होता है,

जाने क्यों एक आम दिमाग सोचता है सिर्फ इश्क?

अरे मूर्ख मानव! संकुचित बुद्धि को विस्तृत करके प्रेम महसूस कर,

वासना से परे होती है प्रेम के समंदर की हर एक बहती लहर।

कोई कलाम जब घंटों अपने प्रोजेक्ट पर सर खपाता है, तो उसका कारण है विज्ञान से प्रेम,

कोई सैनिक जब वतन की मिट्टी को अपने खून से लाल करता है, तो उसका कारण है देश से प्रेम।

एक शिक्षक जब गला सुखाकर पूरे घंटे ज्ञान के प्रसाद को बाटता है, उस तपस्या का आधार है प्रेम,

एक भक्त जब सब भोगों से मुक्त होकर प्रभु के गुण गाता तो उस वाणी में विराजमान है दिव्य प्रेम।

एक माता जब अपनी नींद खराब कर आधी रात को उठकर रोते हुए बच्चे को सुलाए, तो वो भी है प्रेम,

एक मेहनती पिता जब अपनी इच्छाओं को ताक पर रखकर करे बच्चों की इच्छा पूरी, वो भी है प्रेम।

कोई कृष्ण जब युद्धभूमि में गीता ज्ञान सुनाता अपने सखा अर्जुन को, तो उसमे भी है मित्र से प्रेम,

कोई राम जब शबरी के जूठे बेर खाता, तो उसमे भी है भक्ति के प्रति अगाध श्रद्धा और परम प्रेम।

शुक्र है मेरी सनातन संस्कृति है इतनी प्रेममयी कि प्रेम चरम तक पहुंचने की नहीं है कोई सीढ़ी,

फिर भी जाने क्यों प्रेम को सिर्फ शरीर तक सीमित करना चाहती है आधुनिक युवा पीढ़ी?

आओ स्वयं से वादा करें कि इतने विशाल प्रेम को नहीं बांधेंगे किसी रूप में,

इसे महसूस करेंगे भूमि-पानी-वायु-अग्नि-आकाश और हर कण के स्वरूप में।

57. राजनीति-आम नागरिक के चश्मे से

राजनीति क्यों लगती है आम लोगों को इतनी खतरनाक?
क्योंकि उतरते तो हैं इसमें कुछ लोग शुद्व सेवा भाव से।
किन्तु कुछ दिनों में सत्ता लोभ हो जाता है बुद्धि पर हावी,
एक अलग दिशा में चल पड़ते हैं उसूलों की चिता जलाके!
हर कोई एक सा नहीं होता किसी भी क्षेत्र में,
ये तो है इस जगत का सबसे बड़ा परमसत्य।
किन्तु सियारों के झुंड में विचरण करते हुए,
मुश्किल तो होता है हिरण को बचाना अस्तित्व।
कभी कभी हिरन की खाल पहने निकल आते हैं कुछ भेड़िए,
आसपास वाले ही जलभुन जाते हैं देखकर आपकी तरक्की।
ऐसे में दिन रात योजनाएं बनाते हैं फिर वो आपके खिलाफ,
कुछ तो कपट करके गिराए नीचे आपकी छवि और कुरसी।
प्राचीन युगों में सृष्टि के पालनहार ने जब एक अवतार में,
राजनीति की धूप को बहुत करीब से अनुभव कर लिया।
तो दूसरी बार फिर से स्वयं भुक्त भोगी बनने की बजाय,
कुरुक्षेत्र में गीता सुनाकर मानव जाति का कल्याण किया।
बचकर रहिए कलियुग में इस राजनीति से,
देश की सेवा का यही एकमात्र नहीं है मार्ग।
मानवसेवा हेतु बनाए गए हैं कई सारे रास्ते,
सोच समझकर रखिए इन पर अपने पांव।

58. गीता ज्ञान का असर

हर मन जो राग-द्वेष से मुक्त हुआ,
ईश चिंतन में हुआ पूर्णतः लीन।
उसका जीते जीते सन्यास हुआ,
क्या समझेंगे उसके बंधु व दीन।
व्यक्ति हो वस्तु हो या परिस्थिति,
बंधकर भोगी लेता है हर फैसला।
फल में उलझती मन की स्थिति,
बन जाता सांप, बिच्छू व नेवला।
गीताजी जिसने पढ़ ली एक बार,
उसकी बुद्धि हो जाती सात्विक।
ज्ञान से अस्तित्व का साक्षात्कार,
कार्य कराता है फिर परमार्थिक।

59. प्रेम- सागर से गहरा और आकाश से ऊंचा

क्यों सोचते हैं लोग प्रेम करने के लिए चाहिए कोई दूजा इंसान?

ये तो एक बहती नदी सा है जो करवाता है सबको अमृतपान।

एक साधक की जब लग जाती है ध्यान में अटल समाधि,

प्रेम बन जाता है उसके अस्तित्व के कण कण की परिधि।

कोई सूर्योदय या सूर्यास्त के वक्त जब निहारता है दूर आसमां में,

तब उस द्रष्टा को नज़र आता है प्रेम सृष्टि के हर एक कोने में।

किसी वाद्य यंत्र के तार या गायक के बोल जब बांधते सुरीला समां,

तब प्रेम वर्षा में ओतप्रोत होकर नाचती है श्रोता संग ये धरती मां।

बादलों के बीच छुपा सूर्य जब बिखेरता है इंद्रधनुष के सात रंग,

उस समय महसूस होती है हर प्रकृति प्रेमी को एक नई उमंग।

पहाड़ों की ऊंचाइयों से सागर की गहराइयों तक हर एक रचना को,

सृष्टि के सृजनकर्ता ने सींचा है शिद्दत से हृदय में लेकर प्रेम को।

चाहे मंदिर की घंटियों की आवाज़ हो या फिर हो किसी चित्रकार की कल्पना,

आइए संकल्प लें कि प्रेम से महकाते रहेंगे सभी लोगों के मन का कोना।

60. इंसान और जानवर

पैसा-ताकत-ओहदा मिलने दो,
फिर देखो इंसान का व्यवहार।
स्वास्थ्य थोड़ा ठीक होने दो,
फिर देखो आहार और विहार।
कोई उपलब्धि हासिल होने दो,
फिर देखो इंसान का अहंकार।
बिना मांगे मदद करके देखो,
मानेगा भी नहीं कोई उपकार।
सबसे बड़ा मतलबी होता है खुद,
और कहता है मतलबी है दुनिया।
खूबियां दूसरों की दिखती नहीं,
लेकिन तुरंत ढूंढता है कमियां।
मानव जीवन है सबसे अनमोल,
बनाता है हमे दार्शनिक व दिव्य।
बुद्धि पशुओं से अधिक विकसित,
और जीने का तरीका भी है भव्य।
तो फिर क्यों न करें इसे इस्तेमाल,
बनाने में समाज व देश बेहतर।
सकारात्मकता को बढ़ाते चले,
नकारात्मकता को करे कमतर।
रखे शाश्वत सत्य मृत्यु को स्मरण,
करें सबका का चहुंमुखी विकास।
प्रेम आनंद व सम्मान बढ़ता रहे,
यही रहे हम सबका पूर्ण प्रयास।

61. कड़ी मेहनत से लड़ो और जीतो

आज कविता में बताती हूं तुमको सौ टके की बात,
अपने लाइलाज दुखों के बारे में हम सोचते हैं दिन-रात।
किंतु वो दुख फिर भी बना रहता है मन में जैसा का तैसा,
व्यक्ति वस्तु परिस्थिति नहीं बदल सकते हमेशा खर्च करके पैसा।
कभी कभी बचपन की स्मृतियां स्मरण करके सोचते हैं काश वो दिन लौट आते,
किंतु नदी और वक्त का प्रवाह तो रहेगा सदैव आगे इस हकीकत में स्वयं को हैं पाते।
वस्तुस्थिति को तुरंत स्वीकार करने की क्षमता भी है एक ईश्वरीय वरदान,
आखिर उससे लड़ने और उसे बदलने में भी मिट जाते हैं लोगों के अभिमान।
शांति के साथ स्वीकार करना है पहली सीढ़ी परिवर्तन की ओर,
परिवर्तन तो सृष्टि का नियम है जो दिखाता है जीवन का दूसरा छोर।
रिश्ते-नाते-पैसे-रुतबे इन सबके परे ही तो है आखिर इंसान का मूल अस्तित्व,
भौतिक सुख तो केवल माध्यम हैं, जिनकी मदद से इंसान देखता है अपना व्यक्तित्व।

62. लोक सेवा-मानव जीवन का उद्देश्य

दुखों से इतना भी न डरा कर तू ओ जीवन यात्रा के मुसाफिर
ये ही लाएंगे तेरे अंदर परिपक्वता बनाएंगे तुझे मन से फकीर।
सुखों को भोगता रहेगा जो तू मन मस्तिष्क काया से तो वैराग कैसे जागेगा?
जो अहंकार पालकर रखेंगे उनका मन तो शमशान पहुंच कर भी बहुत भागेगा।
एक बात को तू गांठ बांध ले परेशानियों से ग्रसित मानव,
परीक्षा की घड़ियां बनाती हैं इंसान को देवता या फिर दानव।
अपनी मृत्यु का भय नही, उसका थोड़ा सा ज्ञान भर ले बुद्धि में,
शायद ऐसा करने से तेरा व्यर्थ घमंड परिवर्तित हो जाए सिद्धि में।
कड़ा संघर्ष करते हुए थोड़ा विनम्र और श्रद्धालु बन जा,
ज्ञान हासिल करता चल व लोगों में सिर्फ प्रेम बाटता जा।
भौतिकता के मायाजाल को बाजू हटाकर जीवन को देख,
दिन-रात इनके बारे में तू है सोचता निकालते हुए मीनमेख।
ये सब यहीं छूट जाएगा जब तेरे इस शरीर से आगे की यात्रा होगी आरंभ,
सब छूटेगा सामाजिक प्रतिष्ठा रिश्ते व्यवसाय व अधिकार की भावना का दंभ।
एक पल में पता चलेगा क्या है मिथ्या और क्या है परमसत्य,
अचानक होगा आभास क्या थे तेरे व्यर्थ भ्रम और क्या हैं तथ्य।
सिर्फ भोग विलास का जीवन जिया होगा तो बड़ी कठिनाई होगी पकड़ छूटने में,
यदि एक उद्देश्यपूर्ण समर्पित जीवन जीकर मुक्त होगा तो आसानी होगी मुक्ति में।
मन की स्थिति को संभालकर रख इस जीवन की यात्रा में,
ध्यान सेवा सत्संग को जिंदगी का अंग बना उचित मात्रा में।
बुद्धि को रख पूरे समय जागृत चल नैतिकता के मार्ग पर,
आवश्यकता पड़ने पर समाज व मातृभूमि हित में कार्य कर।

63. उसूल और मानव जीवन

लालच कितना भी मिले, रहे अपने उसूलों के प्रति वफादार,
ऐसा आत्मिक बल ही बना सकता है इंसान को दमदार।
भोगने को यदि बहुत कुछ मिले फिर भी जुड़ा रहे माटी से,
जहां आए बात सेवा की, ना करे भेदभाव जाति-पाति से।
मिथ्या भोग तो कितनी ही बार ऊपरवाला देता है उलझाने को,
क्या अच्छा क्या बुरा ये गुत्थी जीवन चलाती है सुलझाने को।
जरूरतों और आवश्यकताओं में भेद करना सीख ले तो तर जाए,
एक विरक्ति का भाव मन में आए, तो मानव जीवन सफल हो जाए।
कर्मयोग में पूरी तरह डूबकर ही बेड़ा पार लग पाता है आत्मा का,
भक्तियोग व ज्ञानयोग तो हैं उपाय मन को मजबूत बनाने का।
गीता को पढ़ें पुनः पुनः तभी हम जीवन को जी पाते हैं गहराई में,
वरना ऊर्जावान दिशाहीन मानव गिर सकता है कुएं में या खाई में।
उसूल यदि भभकते हैं दिमाग में तभी तो व्यक्ति इंसान है,
वरना एक मानव सिर्फ चलता फिरता हाड़ मांस का शैतान है।

64. आइए गहराई से कदम बढ़ाएं

जगत या जीवन की गहराई में उतरने से डरते हैं आमजन,

क्या पता कहीं अधिक गहराई में उतरने से सतह छूट ना जाए।

सागर की गहराई में भी तो उतरे कितने सारे गोताखोर,

कहीं ऐसा ना हो कि डूबकर भी कीचड़ ही हाथ आए।

समंदर की गहराई तो नापी जा सकती है जनाब,

इसलिए जल की सीमाओं से पा सकते हैं जवाब।

असली क्षात्र भाव तो उनमें होता है इंद्र के ब्रह्मास्त्र का,

जो हौंसला रखते हैं आकाश तत्व की ऊंचाई मापने का।

स्वयं को पूर्ण रूप से जानना भी है दैवीय गुण,

इसीलिए इतने ऋषि ऋषिकाओं ने किए कड़े तप।

मनुष्य की प्रजाति ही तो है जो चाहे तो ला सकती है सृष्टि में अपार खुशहाली,

यदि बुद्धि हो जाए भ्रष्ट तो कर सकती है विध्वंस और मचा सकती है बदहाली।

समझ लें कि कितना ज़रूरी है दिमाग को सही दिशा मिलना ताकि सोचे वह परोपकार,

सृष्टि, देश व समाज के उत्थान में योगदान देते हुए कर सके अपने सपनों को साकार।

65. सच्चे आंसू

अपने जीवन के तजुर्बे से एक बड़ा जरूरी पाठ सीखा है,
झूठी मुस्कुराहटों के मुकाबले सच्चे आंसू कीमती होते हैं।
कितने जज्बात बहाते हैं ये नैनों के छोटे से द्वार से,
कभी निकल जाते हैं सबके सामने, तो कभी अकेले में।
मन में जब उमड़ आए प्रेम अथवा भक्ति का समंदर,
उस वक्त इनको रोक पाना होता है और भी कठिन।
क्रोध की ज्वाला जब निकलती है इनके माध्यम से,
तो मुखड़े भी हो जाया करते हैं लाल और गरम।
कंठ को कर देते हैं ये मोती पूर्णतः अवरुद्ध,
जब व्यक्ति हो जाता है दुखी या फिर कृतज्ञ।
कुछ बिरले बनावटी लोग जाने कैसे बहाते हैं आंसू घड़ियाली !
नकली पौधों से सजावट हो भी जाए किंतु नहीं आएगी हरियाली।
सोचेंगे कम महसूस करेंगे अधिक तो समय पर निकलते रहेंगे मोती,
आंखों को रखेंगे स्वस्थ और सुंदर साथ ही बढ़ाएंगे नैनों की ज्योति।

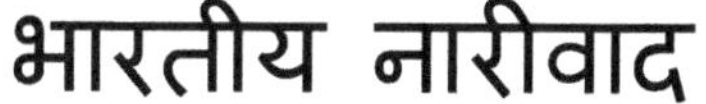

भारतीय नारीवाद

66. स्त्री पुरुष समानता की ओर

स्त्री सम्मान में क्यों आ गई है इतनी कमी?

कन्या जन्म पर घरवाले क्यों मनाते हैं गमी?

पुरातन काल में वीरांगनाओं ने दुर्गावतार को किया था चरितार्थ,

बुद्धि में थी ऐसी कि शंकराचार्य भी चुप होते जब होता शास्त्रार्थ।

संकल्प शक्ति थी इतनी मजबूत कि महाभारत युद्ध करवाया द्रौपदी के खुले केशों ने,

वाकयुद्ध से अपने दिव्य ज्ञान का लोहा ऋषियों से मनवाया गार्गी, गौरी, मैत्रेयी ने।

समय का चक्र लेकर आया विदेशी ताकतों को इस पवित्र माटी पर,

सिर्फ आदर रूपी सर ढांकने वाला घूंघट उतार लिया गया चेहरों पर।

क्यों विदेशों की अंधी दौड़ में होकर शामिल भूले हम अपनी मूलभूत देसी संस्कृति?

'कन्या व स्त्री करे अंग प्रदर्शन तभी वो आधुनिक' ये सोच है एक मानसिक विकृति।

क्यों रसोई में खाना बनाने को हीन आंका जाने लगा तथाकथित आधुनिक समाज में?

कितने दिनों तक इंसान रहेगा जिंदा यदि अन्न का दाना न जाएगा पापी पेट में?

क्यों दफ्तर में कार्य करती स्त्री को पुरुष सहकर्मी से कम मिलता है वेतन?

क्या आवश्यक नहीं है कि उसका भी एक अच्छे स्तर पर हो सके जीवन यापन?

आधुनिक सुशिक्षित भारतीय युवा चाहते हैं समानता,

न स्त्रीवाद, न पुरुषवाद, केवल देश में खुशी व एकता।

67. आत्मनिर्भर महिला बनें

स्वावलंबन और शौर्य को अपने भीतर उतारती चल,
ओ आधुनिक भारतीय नारी, तू उन्नति करती चल।
सतयुग में राम ने तुझे छुड़ाया राक्षस से,
द्वापर में कृष्ण ने वस्त्र दे तुझे बचाया दुष्टों से।
ये सदी तेरी ही है यकीनन इस बात को तू मान ले,
अपने आत्मबल और ताक़त को तू पहचान ले।
हे शक्ति स्वरूपा! कब तक तू रचयिता को सिर्फ अपने वजूद में उलझाकर रखेगी?
वो रचयिता भी सोचता होगा कब मेरी ये रचना संपूर्ण रूप से आत्मनिर्भर बनेगी?
अपने अस्तित्व को पहचान ले तू हे दिव्यरूपी सुंदरी,
तेरा हर एक रूप है पूज्यनीय, श्रेष्ठ और मनोहरी।
पुरुष प्रधानता तो है कुछ मूर्खों की बुद्धि का वहम,
तेरी ही योनि से जन्म लेता उसके वजूद का अहम।
कलियुग में सीता नहीं, आदिशक्ति बनना है अधिक महत्वपूर्ण,
शिष्टता के मापदंड बदलकर हास्य के हो गए जैसे चूर्ण।
दूसरी स्त्रियां ना दे तुझे सम्मान, फिर भी तू ना होना निराश,
तेरी स्वतंत्र पहचान से ही खड़ा करना होगा तुझे तेरा आकाश।
माता पिता भाई बहन पति बच्चे घर परिवार इसके परे रख अपनी उड़ान,
अपनी इच्छा, मेहनत, लगन और कार्य प्रणाली से निर्मित कर एक जहान।
सिर्फ किसी योग्य पुरुष को ही दे अपने जीवन, हृदय और सम्मान पर अधिकार,
तू थोड़ी बराबरी उसको भी करने दे तेरे चरित्र की, वरना वो हो जाएगा बेकार।
तू उसके स्तर पर गिरकर क्यों कम करना चाहती है अपना नैतिक मोल?
ये कोई वाजिब तरीका नहीं हुआ बराबरी जताने का क्योंकि दुनिया है गोल!
अपने शरीर से नहीं, अपनी अक्ल व होशियारी से साबित कर अपनी सागर से ज्यादा गहरी सोच को,
हर किसी के सामने रोना छोड़ तू बताकर अपने दुखड़े, नजरअंदाज कर हाथ पैरों की छोटी मोच को।

68. आत्मनिर्भर महिला - मानसिक विकलांग के लिए खतरा

मुंह में दही जमाकर बैठे तमाशा देख रहे थे कई महावीर,
जब हुआ था महासती, दिव्यजन्मा दौपदी का चीरहरण।
तमाशा खत्म होने के बाद जागा था विदुरजी का ज्ञान,
कृष्ण ने जब लाज बचाई पांचाली की, तब लिया भीम ने प्रण।
उस युग में युद्धभूमि में दे दिया कान्हा ने पार्थ को सर्वोच्च ज्ञान,
अब उसी ज्ञान को मानना होगा तुझे हे आधुनिक कलियुगी नारी।
अपनी रक्षा के लिए स्वयं बन तू दुर्गा, करके वीररस का अमृतपान,
जीवन के हर क्षेत्र में बन इतनी सक्षम, कि तू पड़े सब पर भारी।
बुद्धिहीन लोगों को करने दे थोड़ी ठिठोली, तू बनी रह अचल,
हथियार चलाना सीख, रख अपनी बुद्धि पर सम्पूर्ण विश्वास।
तुझे नीचे गिराएं जो घटिया लोग, तू बन और मजबूत व अटल।
आत्मनिर्भर बन तू बन जा सक्षम, महका अपने चरित्र का सुवास।
वचनों से तुझे अपमानित करें वो, तेरे अंगों की बात करें तेरे सामने,
तो छोड़ दे तू ये बेकार की झिझक और बेफालतू की झूठी शरम।
उसको दिला याद कैसे स्त्री शरीर के इन्ही अंगों के होने मात्र से,
संभव हुआ उसका धरा पर पुरुष शरीर में जन्म व पालन पोषण।
अगर स्पर्श करें वो तुझे गलत तरीके से तुरंत विरोध कर तू,
उस समय ये मत सोच कि आसपास के "लोग क्या सोचेंगे"।
अरी कौन वो लोग तेरे सगे हैं गैरों के लिए इतना भी मत सोच तू,
तमाशबीन तो द्वापर में भी तमाशा देख रहे थे, आज भी वही देखेंगे।
जो स्त्री आत्मनिर्भर हो गई तो कैसे उसको दबाएंगे ये सोचकर,
कई बेचारे दिमागी विकलांगों की रातों की नींद हराम हो जाती है।
लगे रहते हैं इसीलिए भांति-भांति के अजीब से तरीके अपनाकर,
इनकी थोड़ी बहुत दिमाग में जमा की हुई मति भी मारी जाती है।
कभी एसिड फेंककर लड़की का सुंदर चेहरा जला दिया,
कभी उसके लिए झूठी अफवाह फैलाकर बदनाम कर दिया।
कुछ न मिला तो उसके कपड़ों पर बिन मांगा ज्ञान पेल दिया,
अगर ये भी तरीका न चला तो इज्ज़त लूटूंगा ऐसा धमका दिया।
मेरे सभ्य भाइयों बहनों मैं तो हूं एक सनातनी कवयित्री,
सम्पूर्ण विश्वास रखती हूं शास्त्रों, वेदों और पुराणों में।
आज बताती हूं स्वयं को अबला नारी समझने वाली बहनों,
काट डालो अंग दुष्कर्मी पुरुष का, ये लिखा है गरुड़ पुराण में।

मत जाओ अंग्रेजों के जमाने के कानून के दरवाजे खटखटाने,
क्यों जाओगी अंधे कानून के पास सिर्फ अपना उपहास उड़वाने?
इतने भयंकर पाप करने वाले को मत बक्शो पीड़ित बहनों,
किसी का इंतजार मत करो इस सदी में आत्मनिर्भर बनो।

भाव, भावना और कुछ संदेश

69. महिला सुरक्षा - प्रधानमंत्रीजी के लिए जन्मदिन पर संदेश

आज पूरा जगत मना रहा एक तपस्वी राजर्षि का जन्मदिन,
चीन व पाक रो रहे हैं बेचारे दिन में भी तारे गिन गिन।
2014 व 2019 में जनता जनार्दन ने किया फैसला पूर्ण बहुमत देकर,
माँ भारती का कर्ज उतारना शुरू किया मोदीजी ने जरूरी फैसले लेकर।
दूसरे राजनीतिक दल दशकों तक हर बात पर करते रहे सिर्फ राजनीति,
आपने कार्य करके सिखाना चाहा है सबको, कि सर्वोपरि है राष्ट्रनीति।
"सबका साथ, सबका विकास, सबका विश्वास" है आपका बुलंद नारा,
माँ के आशीर्वाद ने दी ऐसी ताकत कि देशद्रोही तत्वों को कानून ने मारा।
आपकी नई शिक्षा नीति से है सभी लोगों को सच में ढेर सारी आशा,
रुचि का विषय पढ़ने मिलेगा तो विद्यार्थी जीवन लगेगा कील बताशा।
कितने सारे शौचालय बनवाए, आपने देशवासियों को दिए है मौलिक अधिकार,
ये सब मिलने के बाद मेरे देश के गरीब भी सोच रहे हैं कभी लेंगे हम भी घर व कार।
राष्ट्रसुरक्षा तो कर ही रहे हैं आप किन्तु देश की पीड़ित मां-बहने भी कर रहीं हैं गुहार,
कोई तो ऐसा कानून लेकर आइए कि गुंडे मवालियों की रूह कांपे करने से बलात्कार।
घोर कलियुग में मत उम्मीद कीजिए कि हर माँ बाप देंगे बेटों को उचित संस्कार,
इंसान की खाल पहनी विलुप्त जानवरों की आत्माएं शरीर को देख टपकाती है लार।
निर्भया की मां ने देखी सात वर्षों तक बेटी के न्याय के लिए कितनी शिद्दत से राह,
क्या आप डर रहे हैं कि कई सारे मुजरिम भरे पड़े हैं, आपकी अपनी ही राजनीतिक पार्टी में,
किसी कीमत पर खोना नहीं है उनका साथ, बस इतनी सी है आपके विशाल मन की चाह,
फिर वो दिन दूर नहीं, जब आम जनता देगी अपराधी को वो सजा जो लिखी है गरुड़पुराण में।
आपकी पिता समान करती हूं इज्जत, किन्तु कलम ने कहा आज कर तू अम्बा की हुंकार,
मेरे देश की पीड़ित बहनों के लिए आवाज़ उठाकर ही शांत होता है मेरा नैतिक अहंकार।

70. एक संदेश विपक्ष के लिए

किसी व्यक्ति, वस्तु, धन, पद अथवा सत्ता का अति लोभ है कितना भयंकर,
न मिलने पर कुछ लोग छोड़कर अपनी मनुष्यता बन जाते हैं विषैले अजगर।
ऐसा ही कुछ हाल हो रहा है मोदी राज में देश की राजनीति का,
विपक्ष के नेता किस हद तक गिरा रहे स्तर मानव जाति का?
इतने वर्षों तक सत्ता में रहकर भी बड़े बड़े पेट नहीं भरे तुम्हारे,
जो उतर रहे हो मार पीट गाली गलौच पर, बन रहे हो हत्यारे।
कितने सारे स्वयंसेवकों की तुम व्यर्थ ले रहे हो जान,
जनता जनार्दन के सामने कुछ तो रखो अपनी शान।
एक स्वस्थ लोकतंत्र बनाओ, पढो विधेयक, संसद में झपकियां लेना बंद करो,
वजूद बरकरार रखो अपना कि चार साल बाद शान से चुनाव तो लड़ सको।
जनता अब नहीं रही है पहले जैसी जाहिल, अनपढ़ और गवाँर,
देश के एक आम चायवाले ने चला दी है विकास की तेज तलवार।
एक परिवार को खूब खिला पिला दिया, खूब भर दी उनकी तिजोरी,
ये तो सोचो कि वो नहीं हैं शाश्वत, फिर क्यों करना ये व्यर्थ चिरौरी?
लोकतंत्र मजबूत करने के लिए चाहिए होता है मज़बूत बुद्धिमान विपक्ष,
वरना वो दिन दूर नहीं है जब एकछत्र राज करने लगेगा सतापक्ष।

71. एक संदेश फिरंगियों के लिए

विदेश जाइए तो पाचन तंत्र की जैसे आ जाती है शामत,
समझ नहीं आता ये फिरंगी स्वयं को क्यों समझते हैं कयामत!
पूरे विश्व को ताकत व क्रूरता के दम पर जीता लूटा और नोचा,
लेकिन साफ-साफ दिखता है कि तुम्हारे दिमाग में है थोड़ा लोचा।
जग में आधुनिक चिकित्सा पद्दति फैलाने के लिए तुम्हारी दवाइयों की कंपनियां फैलाती हैं हवा,
फिर तुम्हारे देश के युवा पूरे विश्व में सर्वाधिक मात्रा में क्यों खाते हैं निराशा ठीक करने की दवा?
खुद पर जब आतंकी हमला होता है, उस समय आतंकवाद हो जाता है तुम्हारे लिए निंदनीय,
लेकिन हथियार बेचकर अरबों रुपए कमाने हो जब तुम्हे, तो आतंकी होते हैं तुम्हारे पूज्यनीय!
"शौच के बाद पिछवाड़ा धोने से होता है जल का अपव्यय" ऐसा सोचते हो,
गायों को काटकर उनका माँस पकाते हो, तब क्या इतने गेलन जल बचाते हो?
अरे दोगले भूरे बंदरों, थोड़ा जागो भारत देश से कुछ सबक लो,
विश्व बंधुत्व से ही सारे देश करेंगे प्रगति, इतना तो तुम जान लो।

72. मैं मैं और सिर्फ मैं

अहंकार है बहुत ही बुरी बला,
यह सुन हर इंसान होता है बड़ा।
कभी जब बाहरी परिस्थिति से मन हो जाए हताश,
उस वक्त यही तो करवाता है स्वत्व का अहसास।
जरूरतमंदो की मदद करते रहो,
तो अपने आप ये होता शुद्धतम।
ईश्वर, प्रकृति या महानता के सामने झुको,
तो स्वतः ही हो जाता है ये बिलकुल न्यूनतम।
ज्ञान की बाती जला लो मन व बुद्धि में,
तो इसकी मात्रा घट जाती अस्तित्व से।
जो सुधबुध खोकर हो जाओ भक्ति में लीन,
तो अहंकार भी होता अतः करण में आसीन।
जब किसी शूरवीर की गर्जना समान दहाड़ उठती है आवाज़,
तब यही अहंकार करवाता है उसे कण कण से एकता का आभास।
सजगता बनी रहे हर व्यक्ति में सिर्फ अपने अहम के प्रति,
तो सदकार्य करता चलेगा जिंदगी की राह पर, प्राप्त करेगा सद्गति।